みんないっしょに生きようよ

――ひまわり教室の歩み五〇年――

徳田　茂　編著

柘植書房新社

はじめに

徳田　茂

障害が重いという理由であちこちで断られた子どもたちを受け止めてひまわり教室を開いたのは、一九七四年六月のことです。あれから五〇年という年月が経ちました。建物はガタガタ、資金もほとんどなし、ただ気持ちだけはある。そんな中での出発でした。あまりにも不安定だったので長く続くとは思えず、私たちは数か月分の記録用紙しか作りませんでした。とにかくやれるだけやってみようという感じでした。

ひまわり教室は一九七八年から金沢市の委託事業となり、運営はかなり楽になりました。それでも多くの方々の支えが必要なことは変わりませんでした。教室がここまで歩んで来られたのは、「ひまわりを育てる会」のみなさんをはじめ、様々な形で支えて下さった方々のおかげです。改めて皆さんに感謝します。

数年前から、五〇周年という節目の年に、縁のある方々に文章を寄せていただき、一冊の本を編んでおこうと考えていました。その五〇周年の年が明けた日の夕方、能登でマグニチュード七・六、最大震度七という大地震が発生しました。私は能登が大好きでよく車を走らせ、輪島の朝市にも何度も足を運びました。その能登が大地震と大火事で無残な姿に変わりました。そんな能登の惨状から目をそらして本作りを進める気になれず、まずは能登の障害者支援事業所の人たちを応援しようと、大阪に事務局がある認定NPO法人「ゆめ風基金」の力を借りながら、必要な物資を届けたり商品販売を手伝ったりと、微力を注いできました。

そんなこともあって本作りは大幅に遅れましたが、なんとか出版にまでこぎつけることができました。

第Ⅰ部には、ひまわり教室で子どもたちや家族の人たちと共に生きてきた五人の文章が並んでいます。五人のうち二人は元職員で、後の三人は現役の職員です。

ひまわり教室では長年、子どものことを語る時に自分のことを棚上げにしない姿勢が大切にされてきました。一人の職員が子どもの気になる行動ばかりを喋り続けると、必ず他の職員から「その時、あなたはどんな関わりをしていたの？」とか「あなたはその子のことをどう思っているの？」とかの問いが出されます。そこで語り手はハタと立ち止まり、自分の在り方や関わり方に目を向けることになります。そこから大切な気づきにつながることがしばしばあります。

ひまわり教室ではまた、長年にわたり事例検討の機会を持ち続けています。そこでは、子どもがどう変わったかよりも、職員の在り方や関わりを振り返ることに重点が置かれます。レポートを書くことや語り合うことを通して、それぞれが自分を見つめたり学んだりしています。

私は何十年も前から「子育ては自分育て」と言い続けていますが、この思いは実感を伴って他の職員たちにも共有されています。生身の人間ですから、時には失敗もします。失敗は決して推奨すべきことではありませんが、一方で成長の契機となるものでもあります。失敗を成長につなげるためには、周りの人たちの存在が必要です。多くの人は自分の力だけで立ち直ったり苦しみを乗り越えたりすることができません。自分にとって意味のある他者の存在がとても重要です。

ひまわり教室では、どの職員も、他の職員たちや子どもや家族の人たちの力を借りながら、苦しみを乗り越えたり元気を取り戻したりしています。周りの人たちに支えられたり励まされたりしながら、どの職員も自分を育てていきます。時には、子どもによって救われるということもあります。私も何度も経験しています。

子育てをしながら、子どもから教えられ気づかされて自分が変わっていく。自分が変わりながら、子育てをしていく。ひまわり教室ではそんな営みが日々繰り返されています。第Ⅰ部のどの人の文章にも右のような話が記されています。私はこうした在り方は、子どもの育ちに関わる仕事に就いている人にとって極めて重要なものだと考えています。

第Ⅱ部には、ひまわり教室に通っていた子どものお母さんたちの文章が並んでいます。ひまわり教室では子どもの育ちの援助だけでなく、お母さんたちとの相談活動もずっと続けてきました。また一か月に一回の学習会（お母さんたちが語り合ったり教育制度などについて学んだりする会）や年に数回の様々な行事も続けてきました。これらは五〇年間ずっと大切な柱となっています。

そうした活動を通してお母さんたちは自分を見つめ、自分を問い、障害のあるわが子と共に生きることについて考えてきました。

ひまわり教室を始める前から、私は、学校の先生たちの組合の教育研究集会に参加していました。また、同和教育研究集会にも長年関わってきました。

教育研究集会や同和教育研究集会などに、私やお母さんたちもレポートを出してきました。障害児の親がどんな思いでわが子を地域の学校に通わせているか、障害児の親がわが子と共に生きる中でどのような変容をとげてきたか、あるいはどのような願いを持っているか。そうしたことを先生たちに知ってもらい、協力し合って、「共に学び共に育つ教育（共生教育）」の実現を目指したい。そんな思いで私たちはレポートを発表してきました。第Ⅱ部には、そこに提出されたレポートを載せてあります。中塚さんの文章だけは書き下ろしです。

どのお母さんの文章からも誠実に生きる姿が伝わってきます。黙っていると障害のあるわが子が他の子どもたちから切り離されてしまう。そんな厳しい状況の中で、時に悩んだり迷ったりしながら厚い壁に立ち向かっていくお母さんたちの姿は、私たちにいくつもの大切なことを教えてくれます。

第Ⅲ部には、県内外で私たちと思いを同じくして歩んできた人たちの文章を載せてあります。

ひまわり教室の発足当初から私たちは、障害を理由にある子どもたちを保育所や学校に受け入れないのは差別だと考え、どの子も共に生き共に育つ保育や教育の実現を目指して取り組んできました。

そんな私たちの取り組みは長い間、周りの人々の理解を得られませんでした。とりわけ初期の頃、県内の保育や教育・医療に関わる人たちからは「理想論だ」とか「過激だ」とか言われ、嫌われたり非難されたりしたものです。私自身は自分の考えが間違っているとは思っていませんでしたが、周りの人たちの無理解や頑なな拒否に膝を屈しそうになることがしばしばありました。

そのような厳しい状況の中で、私たちの思いを理解してくれる人たちがいました。特に堀智晴さんや堀正嗣さんとの出会いとお付き合いは、私自身にとってもひまわり教室にとっても、この上なく貴重なものでした。お二人と語り合ったり話を聞かせてもらったり、著作を読ませてもらったりすることで、私は自分の足元を見つめ直し、より確かな歩みをするための手掛かりをつかんできました。

県内の先生たちとの関わりは、ひまわり教室の歩みを考える上で欠くことのできないものです。私は、障害児の教育については、先生と保護者や関係者が理解し合い協力し合っていくことが不可欠と考えてきました。

様々なことがありながらも諦めずに歩む中で、次第に先生たちとのつながりができ、先生たちと協力し合いながら、ささやかではあれ、共生教育を目指す動きを作ることができました（近年は様相が変わり、大いに心配していますが……）。

多くの先生たちとのお付き合いがあったのですが、今回はその中から柚木光さんと吉田詩弓さんに書いていただきました。

この本が障害のある子どもだけでなく、全ての子どもの育ちに関わる人たちの在り方を考える上で何がしかのものを提供できれば、と思っています。そのことを通して、障害のある子とない子が共に育つ保育や教育の広がりにほんの少しでも役立つことがあれば幸いです。

みんないっしょに生きようよ

――ひまわり教室の歩み五〇年――

目次

第Ⅲ部　ひまわり教室とつながって

表紙の絵　「みんなのパレード」　かるべ　めぐみ
本文カット　江崎　満

第Ⅰ部　自分を問いながら共に生きる

「子どもを大事にする」在り方と関わり方

徳田　茂

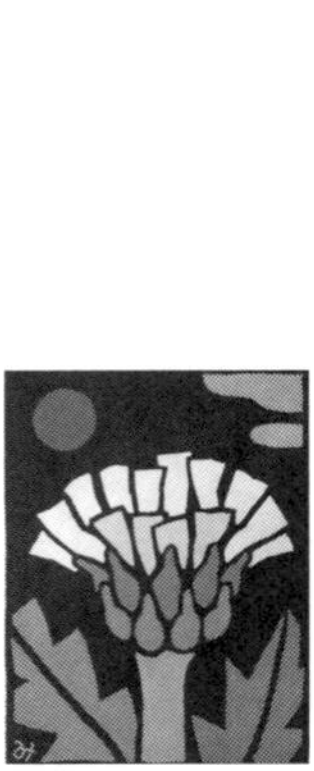

一、子どもたちへの感謝

私はこの五〇年余り、多くの子どもたちに救われ、支えられ、励まされて生きてきました。子どもたちとの出会いや関わりがなかったならば、私はどんなにひどい人間として生きていたことだろう。そんな思いを持っています。その子どもたちとは、主には私の長男の知行《ともゆき》と、ひまわりの子どもたちです。

私はまた、子どもたちによって多くのことに気づかされ、教えられ、変えられてきました。子どもたちと生きる中で、私は、自分の未熟さや醜さにくり返し直面しました。とりわけひまわり教室を始めてからの一〇年近くはそうでした。「自分を変えたい」「変わりたい」と思いながらの日々でした。

子どもたちは強い調子で何かを訴えてくるわけではありませんでしたが、その「生きる姿」を目の当たりにして、私は自分の感じ方や在り方の歪みを否応なく自覚することになりました。子どもたちは私に「変われ！」とは言いませんでしたが、その生きる姿に触れていると、自ずと「まず、自分が変わらないといけない」「今の自分では子どもたちに申し訳ない」との思いが湧き出てくるのでした。自分で言うのもなんですが、私はかなりの熱意を持って子どもと関わっていました。真面目に子どものことを考えて取り組んでいたのも確かです。でも、それだけでは子どもの育ちに関わる者としては不十分でした。そのことを多くの子どもたちから教えてもらいました。

私の中では、「教えられた」と「学んだ」、「気づかされた」と「気づいた」、「変えられた」と「変わった」が離れ難くつながっている感じです。単に受け身的なわけでもなく、かと言って自分の意図的・意識的な行動だけで説明できるわけでもない。言わば、受動と能動が一体となった形で、私は子どもたちから「教えられ―学び」、「気づかされ―気づき」、「変えられ―変わって」きました。

ひまわり教室での五〇年の歩みの中で、多くのお母さんやお父さんと出会い、その人たちと共に生きる中でも、私は多くのことを学んできました。今でもいくつもの場面や言葉が思い出されます。それらの一つひとつによって、今の自分が形作られていることを深く実感しています。私はなんと贅沢な時間を過ごしてきたことか。今更ながら、有難く思います。
ここでは、子どもたちとのことを中心に、この五〇年（特に初期の約一〇年）を振り返りつつ、子どもの育ちに関わる大人の在り方などについて、記してみます。

（一）知行とのこと

私の長男知行は、一九七二年十一月に生まれました。私は一九七三年五月になってようやく、知行がダウン症であることに気づきました。この間いろいろあったのですが、それは省きます。それをきっかけとして私は、自分の中の醜い部分を、これでもかと言うほど発見することになりました。詳しくは拙著『知行とともに』（川島書店）に書いたので、関心のある方は手に取ってみて下さい。

まずは、私の中の差別心。知行がダウン症で知恵遅れ（当時はそう言っていました）だと知った時、あろうことか私は、「障害児の親になってしまい、世間に対して恥ずかしい」「自分の人生はもう終わってしまった」「障害児の親になった以上、同級生との人生の競争に勝てっこない」などと思ってしまいました。それはゆっくり考えての結論ではなく、思わず私の心の奥から湧き上がってきた感情や思いでした。知行の障害がわかる前には「知恵遅れの子も同じ人間だ」と言っていた私の、心の奥底に潜んでいたとんでもない差別心。誰かから言われたのであれば言い逃れすることもあり得ますが、他ならぬ自分の中から差別的な感情や思いが湧いてきたのです。

言い訳など全くできませんでした。

私が変わらなければならないのは明らかでした。そのことはよく分かりました。しかし、気づくことと変わることの間には、とてつもなく大きな隔たりがありました。私は簡単には変われませんでした。

数年の間、「障害児の親であることで、世間の人に恥ずかしい」という思いと、「そんな思い方をすることが、人間として恥ずかしい。知行に申し訳ない」という思いの間で、私は揺れ続けました。信頼できる人に話を聞いてもらったり日記に書きなぐったりしながら、私は自分を見つめ続け、繰り返し自問自答していました。自分を見つめることは、醜い自分を発見することでもありました。詳しくは書きませんが、次々出てくる醜い自分・嫌な自分に、人間としての恥ずかしさが募っていきました。それは、かつて経験したことのないほどの、自己嫌悪や辛さを伴うものでした。

そんな私の話をゆっくりと聞いてくれる人たちや、醜い父親である私に満面の笑みを見せてくれる知行によって、私は深い所で支えられ、救われました。

知行と共に生きた六、七年の中で、私はある確信を得ました。一つは、「知行は知行だ」ということです。周りの人たちは「ダウン症の徳田知行」「障害児の徳田知行」と思ってしまうかもしれないが、知行に修飾語はいらない。知行は知行、私のかけがえのない子ども、それでいい。そんな思いで生きるようになりました。私はダウン症児の親の会に入ることもせず、ダウン症に関する本も読まず、ただ知行と共に生きていました。様々な検査も受けませんでした。専門医の所へも行かず、病気になれば近くの医院に連れていきました。知行という一人の子どもをあるがままに受け容れて生きていこう。それが、私なりの覚悟でした。

二つ目は、「知行は障害児だから不幸」なのではない、ということ。「障害児は不幸だ」と思い込んでいる大勢の人々の中で、理解されることなく生きていかなければならないことが、知行の不幸なのだ。変わるべきは知行ではなく、私を含めた周りの人間なのだ。そんな思いを強くしました。

世間の人々は自分の差別心に気づかず、「障害のある子はかわいそうだ」などと言っている。そのおかしさに気づいた人間が声を出していかなければならない。そう思った私の中には、学生の頃に聴いた糸賀一雄さんの「覚者の責任」という言葉がありました。そこに問題があると思った人（自覚した人）が、自ら責任を持ってその問題に取り組もう。それが糸賀さんの呼びかけでした。その一言は私の心の深い所にまで届き、以来私の座右の銘となっていました。知行の障害を知り、自分の醜さを嫌というほど思い知った私にとって、この言葉は以前にも増して重みのあるものとなりました。私は今も、この言葉に従って生きています。

六、七年の間に、知行は私にとって欠くことのできない相棒のような存在になりました。一九七九年の養護学校教育義務化の年に、知的障害の重い知行を地域の小学校に入学させた時には、「自分と知行でこの学校を変えていくのだ」と思っていたものです。「知行のために」ではなく、「知行と共に」と思っていました。

地域の学校が知行にとって良い所だと思ったから、彼をそこへ入れたわけではありませんでした。六歳になった子どもたちがごく当たり前に行くのが地域の小学校だから、知行もそこへ通わせてやりたい。知行にも、その学校に通う権利がある。それだけのことでした。親がわが子を多くの子どもたちから引き離すことはしたくなかったのです。地域の学校が地獄のような所だったら、二人してそこを住みやすい所にしていこう。それが当時の私の思いでした。実際にいろんなことが起こりました。そのたびに、私は仲間の親たちと共に先生たちと語り合いました。幸いなことに、年を追うごとに障害の重い子どもたちへの先生たちの目が変わっていきました。このあたりのことも前述の拙著に記してあります。

障害児の教育の問題を、効果や成果を軸に考えるべきではない。障害のない子どもが当たり前に地域の小学校に入学するように、障害のある子どもが当たり前に地域の小学校に入学できるようにすべきだ。その上で、一人ひとりに必要なことについて考えていけばいい。私はそう考えて生きてきましたし、今もそう考えています。

(二) ひまわりの子どもたちと

ひまわり教室を開いてからの一〇年近くは、「失敗」と「気づき」の連続だったと言って過言ではありません。前の方でも述べたように、私は真面目に考え、かなりの熱意を持って子どもたちと関わっていました。でも子どもの育ちの援助は、真面目だからいい、熱意があればいいというものではない。そのことをこの時期に、繰り返し学びました。この時期の学びや気づきが、その後のひまわり教室での私たちの実践の重要な礎となりました。

ひまわり教室を開いた当初から、子どもの育ちを助けるために必要と思われる知識や技法について学習し、親子関係について調べるための検査紙を購入して、一人ひとりについて実施していました。また自分たちと一人ひとりの子どもの関係をチェックするために、独自のテストを作ったりしました。当時の私は、目の前の子どもたちから学ぶよりも、様々な方法で子どものこと、子どもと自分たちのこと、子どもの家族のことを探ろうとしていました。それが子どもの育ちの助けとなる、と考えてのことでした。

一九八六年に発行した『地域に生きともに育つ』（社会評論社）の中には当時のことを次のように記しています。

当時の私は、科学的であること、客観的であることに絶対的ともいえるほどの価値観を置き、他の職員にもその方法を身につけることを求めていました。職員それぞれの個性は大切にしながらも、より画一化されたやり方で子どもに対するように求めました。

（中略）

とにかくそのときどきの子どもと大人のかかわりのなかから起こってくる固有の感情の行

き来と、経験や人間関係の独自性や一回性などというものはあてにならないものとみなし、一人ひとりの職員が駒のように動くことを求めていたのです。（27ページ）

この時期、私たちは「療育」という言葉を使っていました。これは肢体不自由児との関わりの中で高木憲次が造り出した「療育」概念とは異なり、治療教育という言葉を縮めたものでした。当時通っていた子どもたちの中には、二次障害と思われる行動を示す子どもが何人もいました。私は、自分たちの取り組みを通して子どもたちの心理的治療を行い、「不適切な」行動をなくしてあげたいと考えていました。

しかし、紙の情報から得たものと実際の子どもの行動がかけ離れていることがよくあり、私はずいぶん迷い悩みました。例えば、ある学習理論に基づいて子どもに関わっても、子どもは全く私たちの考え通りには動かず、空振りの連続でした。

今から思えば未熟だったということなのですが、当時の私はテキストから学んだことと現実に起こることとの間で悩み続けました。失敗の繰り返しの中で私は、少しずつ生身の子どもたちの示す行動に寄り添いながら考え、動くようになっていきました。子どもの行動に応じていかなければ、物事が一歩も進まない。そう思わせるほど、子どもたちの存在は大きく、その行動はしたたかでした。

六、七年経ち、目の前の子どもの姿をしっかり受け止め、その子の示す行動や表情などの意味をよく考え、それに応じていくのが私の関わり方の基本となっていきました。

最初期の頃は極端に言えば、技法で子どもを変えることができると思って関わっていました。生身の子どもの感情よりも先に正しい技法がある、といった感じでした。子どもたちの素直な表現・行動が、私にその誤りを教えてくれました。子どもたちはみんな、体は小さいものの、私にとっては「とても大きな先生たち」でした。子どもたちには深く感謝しています。他の職員たちは私の考え方や在り方の歪みに早くに気づいていたのでしょうが、私は自分の歪みに気づくのにずいぶん時間がかかりました。

大人の在り方や子どもの育ちについて考えていく中で、私たちは「療育」という言葉ではなく、「保育」という言葉で、自分たちの活動を説明するようになりました。

今でもテキストによる学習は続けられていて、これはひまわり教室の重要な柱となっています。ただ、生身の人間どうしの関わりが何より大事であることは、職員の中で共有されています。

以下に記すのは、私がひまわり教室の子どもたちとの関わりの中で学んできたことの一端です。

二、私の変容

(一) 子どもは「変える対象」ではなく、「育つ主体」

私が学生の頃、障害児の教育に関わる先生たちの間で、よく「愛される障害児を育てよう」と言われていました。この考え方に私は強い違和感を抱き、障害のある子が自分らしく生きられるように援助するのが大人の仕事だと考えていました。卒業後、就職した知的障害児の収容施設では、同僚たちと共に、子どもたちが自分の思いを出せる関係を作ろうと、様々な取り組みをしていました。子どもたちの思いを大事にして、一人ひとりが自分らしく生きられるようにしていきたいと思いながらの日々でした。

ところが、ひまわり教室を始めた頃の私は、自分の考えたプログラムに沿って、子どもを変えていくことにエネルギーを注ぐ人間になっていました。最初に働いた施設では中学生の子どもたちと関わりましたが、ひまわり教室では就学前の子どもたちが相手でした。加えて前の施設ではほとんどの子が喋りましたが、ひまわり教室の子らはみな喋り言葉を獲得していませんでした。いわゆる重症心身障害児とか最重度の知的障害児とか言われる子どもたちでした。前述のように、二次障害と思われる行動もよく見られました。

当時の私は幼い子どもたちの持っている力を信じる姿勢が弱く、子ども自身よりも私のほうが子どものことをよく知っている、と思い込んでいました。私は大学で心理学を学び、知的障害児のことも勉強していたので、私のほうが子どもたちのことをよく知っている、と思っていたのです。私の言う通りに動いてくれたら、必ず力がついていく。そんな思いで子どもたちと関わっていたのですが、子どもたちは簡単に言うことを聞いてくれませんでした。食べ物を手に握らせようとすると、その手をグイッと後ろへ引っ込めてしまう。むりやり持たせると、ポトッと落としてしまう。こんな光景が日々繰り返されました。子どもたちの「反抗ぶり」に、つい声を荒げてしまうこともありました。

子どもの「反抗」に会うことで、私も他の職員たちも立ち止まり、その子が動きやすい場面作りなどを工夫し、そのことで子どもが力を発揮することが何度もありました。そんな子どもの変化に感動することが何度もありました。

それでも私はなかなか変われず、ついこちらの思い通りに子どもを動かそうとしてしまうのでした。当時の私は「速く子どもを伸ばすこと」「効率的に力をつけさせること」に気を取られていて、子どもの気持ちを尊重してゆっくり見守ることができていませんでした。今でこそ「待つのが仕事」と言っていますが、当時の私はそれができていませんでした。速く子どもを変えたい、変えてあげたい。そんな思いが強く、子どもの気持ちに添う姿勢が弱い人間でした。

その時期の私は他の職員たちとぶつかることも多く、そのこともあって頻繁に心身のバランスを崩していました。ストレスから体調を崩して入院することもありました。周りの職員たちはたいへんだっただろうと思います。申し訳ないことをしたものです。

いよいよ切羽詰まった私は、学生の頃からお世話になっていた先生の勧めで奈良県の大和郡山市の内観研修所へ行き、一週間泊まり込んで内省の日々を送りました。入浴や排泄以外は畳一枚の上に座り、内省を続けました。この経験は私にとってずいぶん意味深いものでした。

私が無理なく子どもの気持ちに添いながら、その子が育つのを手助けしていけるようになったのは、ひまわり教室を始めて六、七年経ったころです。そのあたりのことを、一九九四年に出版した本の中で、私は次のように記しています。

少しずつ、力まずに「子どもの人生の主人公は子ども自身だ」と思えるようになり、教室を開いて六、七年経ったころ、私は自分の変化を実感できるようになりました。「子どもを伸ばしてあげよう」という思いから、「子どもが生きるのを手助けしよう」という思いになり、ここ数年は「子どもは私の人生の同行者」という思いが強くなっています。

徳田茂編著『いっしょに生きるってすてきだな』（柘植書房）（31ページ）

年を追うごとに、私は、「育つ主体」としての子どもの存在を大事にする姿勢を身につけ、「今、ここ」での一回ごとの関わりをより大事にするようになっていきました。子どもの育ちは目的ではなく、結果。大事なのは、共に生きている生身の人間どうしの、「今、ここ」での関わりそのもの。一回ごとの遊びや食事の時間をどれだけゆたかなものにしていけるか、それが何より大切。子どもの育ちは、その結果として現れてくる。そう思うようになりました。

（二）　決定的な変容——ある「失敗」経験から

ひまわり教室を始めて三年目の出来事については、これまでに何度も喋ったり書いたりしてきましたが、これは私自身の変容を語る上で欠くことができない経験なので、改めて記しておきます。

ある日、教室から少し離れた公園へ遊びに行きました。芝生の広場があるので、そこで思い切り遊べるのを楽しみにして出かけました。ところが広場には幼稚園の子どもたちが先に来ていて、ビニールシートの上に三、四人ずつ座って休んでいました。

この光景を見た瞬間、私は、「困ったな」「面倒だな」と思ってしまいました。すぐに自分の感情に気づき、自分を情けなく思い、嫌になりました。でもこれが私の正体だったのです。当時の私は、「障害のある子もない子も一緒に育つようにしていくべきだ」と言っていました。実際、長男の知行を二歳半頃から近くの保育所に通わせていました。それなのにこの時、私はとんでもない感じ方・思い方をしてしまったのです。自分の在り方があまりにも薄っぺらで、不確かだったのです。今でも、その公園のどのあたりでの出来事だったかを覚えています。自分という人間の危うさの象徴的な出来事として、私はあの時の自分のことを一生忘れないと思います。

一方、歩ける子どもたちは、私の心配をよそに、次々と幼稚園の子どもたちの中へ入っていきました。全く予想していなかったことでした。幼稚園の子どもたちは、ひまわりの子どもたちを追い出そうとはしませんでした。これにも驚きました。その後も、次々と思いがけない光景が続きました。幼稚園の子どもたちが帰るために整列すると、ひまわりの子らはその中に混じり、幼稚園の子どもたちがバスに乗るために歩き出した時にも、ひまわりの子らはその中に混じって一緒に歩いて行ったのです。

ただ一つ、この日の自分たちをほめてやりたいと思うのは、ひまわりの子どもたちの行動を止めに行かず、ぎりぎりまで見守り続けたことです。トラブルが起これぱその時に行くことにして、私たちは遠くから子どもたちの様子を見守っていました。結局、何のトラブルも起こりませんでした。

この日子どもたちを帰した後、ミーティングを開き、せめて週に一回でも近くの保育園へ交流に行こうと決めました。幸い交流が実現しましたが、ここで私たちはいろいろ失敗しました。

最初私たちは障害の軽い子を連れて行きました。そのやり方の誤りに気づき、子どもの障害の種類や程度などに関係なく、どの子も交流に行けるような形にしました。じつは、最初私たちは交流の成果を気にしていたのですが、これがあくまでも大人の都合でしかないことに私たちは気がつくことができました。

一九八二年、Mちゃんが交流に行くことになりました。Mちゃんはひまわりの中でも知的障害の重い子でした。この子の交流について、私はたいへん失礼なことを考えてしまいました。Mちゃんは周りの大人や子どもに全く関心がなさそうだから、交流に行っても変わることはないだろう、と考えたのです。

ところが交流に行き始めて三か月ほど経った頃、全く想像もしていなかった話を聞くことになりました。お母さんたちの学習会でMちゃんのお母さんが語った話を出席していた職員から聞き、私は心底驚いてしまいました。

交流に行った日のMちゃんは家に帰るとよく動き回り、寝るまでよく声を出して、お父さんが「うるさいから黙らせろ」と言うほどだったというのです。ひまわり教室でのMちゃんは自分から動くことはほとんどなく、声もほとんど出していませんでした。

お母さんの言葉を聞いて初めて、私はMちゃんと交流に出かけている職員の記録を読みました。そこには、Mちゃんと保育園の子どもたちとのおもしろいやり取りがいろいろ書かれていました。初めての日、Mちゃんを赤ちゃんに見立てて、ままごとごっこに入れてミルクをやったりする子どもたち。泣いて嫌がるMちゃん。次の回も、また次の回も似たようなやり取りが記されていました。ところが五、六回目になると、それまで泣いていたMちゃんが笑うようになったのです。その後の記録にも、楽しそうに過ごすMちゃんの様子が綴られていました。子どもたちの力の、なんと素晴らしいことか。保育園の子らもすごいし、Mちゃんもすごい。私はMちゃんに対する申し訳なさを痛感すると共に、自分の在り方が根底から変わるほどの経験をさせてもらえたことに深く感謝しました。

Mちゃんの交流を通して私は、「この世に生まれてきて、大勢の子どもたちと交わる必要のない子は一人もいない」と、心の底から自信を持って言えるようになりました。

どのような障害のある子であろうと、よほど本人に不都合がない限り、多くの子どもたちから引き離してはならないのです。どの子も一緒に生きられ、一緒に育っていける環境を整えていくことこそが、私たち大人がまずしなければならないことです。それが基本中の基本です。一人ひとりにとって何が良いかは、その次の問題として考えればよいのです。
右のような思いで、その後私たちは、「障害が重い」とされる子どもたちを地域の保育所や学校につなげる取り組みを重ねてきました。
Mちゃんの交流から学んだことも含め、私は知行やひまわりの子どもたちから多くのことを学び、ずいぶん変わることができました。そのことについて、一九八三年に発行した「ひまわり教室だよりNo.90」に次のように記しています。

繰り返しになるが、知行やひまわり教室の子どもたちと生きるなかで、私はずいぶん変わった。目を開かれた思いがしている。以前の私は、「障害」児を伸ばす対象として見て、しかもより速く、より効果的に伸ばすことを目指していたが、ここ三、四年の私は、〝「障害」児も生きる主体である。この子らにはこの子らの歩幅がある。一人ひとり、自分の歩幅で生きていけばよい。私もそれにつき合い、一日一日を楽しくゆたかにしていければうれしい〟と思うようになった。効率やスピードとは縁が切れた。これが私としてはうれしい。知行やひまわり教室の子らに、深く感謝している。

残念ながら私たちの国では、今でも、子どもたちが共に生き共に育つことができる保育所や学校などが用意されていません。今も分けることを前提とした施策が進められています。そして、分けた場で学ぶ子どもたちが増え続けています。少子化が大きな問題となっている時にみられるこの現象に、私たちはもっと真剣に向き合うべきです。

三、子どもたちと心を通い合わせながら

（一）子どもを大事にする在り方

子どもを一人の人間として尊重し、その人権を守っていく。これは子どもの育ちに関わる者として当然身につけておくべき基本姿勢です。特に障害のある子どもの場合、さまざまな偏見に晒され、差別される可能性も大きいので、その子どもたちと関わる者の姿勢がより厳しく問われることになります。

ひまわり教室では長年、その活動の基本姿勢の一つとして、次のように記して来ました。

障害のある子どもを一人の人間として尊重し、人権を守りながら、そのゆたかな育ちを援助します。

障害のある子どもの育ちについては、偏見や差別の問題のほかに、医学モデルで子どもを捉えるという問題があります。それはごく簡単に言えば、障害のある子どもの生きにくさは子ども自

身の有する機能障害によると考え、子どもの障害を軽減したり、なくしたりすることで子どもが生きやすくなる、という考え方です。

医学モデルでは、障害のある子を取り巻く社会の在り方がほとんど問われません。医学モデルはまた、一般的な子どもとの比較で、障害のある子どもをマイナス存在と見なしてしまうところがあります。

私は長年、障害のある子どもたちと共に生きてきて、障害のある子どもの生きにくさは社会の偏見・差別によるところが大きいと考えています。さらに大きな問題として、世の人々の無関心があります。多くの人々は、障害のある子どもの生活や育ちに関心を寄せることなく生きています。こうした社会の在り方を変えていくことで、障害のある子どもが生きやすくなる、と考えるのが社会モデルです。この社会モデルの視点は、障害のある人と障害のない人が共に生きていく社会を創っていく際に欠くことのできない視点です。

ただ、日々障害のある子どもと関わっていく際には、社会モデルだけでは足りないように思います。現場では、障害のある子どもを一人の個人として尊重して、その子の人権を守りながら、その育ちの援助をしていくことが求められます。人権モデルで子どもの生活や育ちを考える視点です。

子どもを「育つ主体」として尊重し、その人権を守っていくことの重要性を踏まえた上で、私は、子どもへの情愛のニュアンスを含んだものとして、「子どもを大事にする」という在り方・

関わりをとても大切にしてきました。いつ頃それをはっきりと意識したか、定かではありません。ひまわり教室を始めた頃も障害の重い・軽いは関係なく、どの子もかけがえのない命を持った子という受け止めをしていました。ただ、初期の頃はその姿勢は極めて不十分なものでした。

子どもを大事にするという言い方はあいまいで、誤解される恐れもあります。ただ、人権を守るという言い方は理念的で日常語としてなじみにくいと思い、あいまいであることを承知の上で「大事にする」という言い方をしてきました。

この一文を書くにあたり「大事」について調べてみたところ、次のように記されていました。

かけがえのないものとして大切に扱うさま（『広辞苑』）

〔かけがえの無いものなので〕こわさない（なくさない）よう気をつける様子だ

（『新明解国語辞典』）

いずれも子どもたちと関わる際の私の気持ちと通じるものです。

私はよく、「どの子もかけがえのない命を持った、大事な子」という言い方をしてきました。ひまわり教室に通っている子どもたちはどの子も、取り換えのきかない、固有の命を持った固有の存在です。冷蔵庫や洗濯機のように、動かなくなったから、古くなったからといって、取り換えることのできるものではありません。子どもの命のかけがえのなさは、どれだけ強調しても過剰になることはありません。それは子どもの障害の有無や性別などに関わりなく、全ての子どもについて言えることです。

かけがえのない子どもを慈しみ、その存在を大事にし、その気持ちを大事にして関わりながら育ちの援助をしていく。これがひまわり教室の保育活動の基本です。

実際に子どもと関わると、さまざまな感情が湧きます。この感情は、子どもとの信頼関係を深めるうえで欠くことのできないものです。私たちは子どもの思わぬ行動に感動したり、一緒に遊んで楽しんだり、子どもの育ちを喜んだりしながら過ごしています。子どもの感情がすぐれないと心配になり、泣きが続くとかわいそうになります。こちらの心がチクチクと痛むこともあります。

時には、悩んだり迷ったりもします。イライラしたり腹が立ったりすることもあります。それも生身の人間どうしの関わりには付き物で、マイナス感情を一切持たないで子育てをする人はおそらくいないだろうと思います。

生身の大人が生身の子どもの生きる姿に触れ、その育ちを手助けする仕事は、たえず心が動く営みです。心と心が交わり合い、交わり合いながら互いに変化していく営みです。私がその営みのベースにしているのが、「子どもを大事にする」という在り方です。

私たちが子どもを大事にしながら、一緒に生きていく。子どもの存在を大事にし、子どもの気持ちを大事にしながら、一緒に生きていく。その私たちの思いや姿勢が子どもに伝わり、子どもは「自分は大事にされている」と思いながら生きていけるようになる。子どもは安心感や安全感を覚え、大人を信頼して生きていけるようになる。それが子どもの生きる力や育つ力につながっていく。私はそのようなイメージを持ちながら、子どもたちと生きてきました。

（二）子どもを大事にする在り方が備わると

子どもの存在とその気持ちを大事にする在り方が備わることで、大人の中に変化が生じてきます。私自身の経験も含めて、少し記してみます。

・子どもをマイナス存在として見ることがなくなる
・受容的な態度で子どもと関われるようになり、あるがままの子どもを受け容れることができやすくなる
・子どもの主体性を尊重した関わりができるようになる
・子どもをより深く信じられるようになる
・ゆっくりと待つことができるようになる
・子どもの視点でものを見ることができるようになり、子どもの気持ちを共感的に理解できるようになる
・子どもの気持ちを敏感に感じ取ることができ、的確に応えることができるようになる

・より的確な介助ができるようになる
・育つ主体としての子どもと育てる主体としての自分が「今、ここ」で一緒に生きていることをより深く喜べるようになる
・自分の存在とその営みにほどよい自信を持てるようになる
・自分の内面により気づきやすくなり、より素直になれる
・「子どものわからなさ」にあまり動揺しなくなる
・パターナリズムに陥りにくくなる

まだまだありそうですが、とりあえず一区切りとします。ここで重要なことは、その一つひとつがゆっくり時間をかけて身につくものだということです。子どもを受け容れるにしても、子どもの視点で見るにしても、努力してそうしているような時期があります。その時期を経て、気負いなくごく自然にそうできるようになるといいと思います。

もう一つあげておくと、こうした在り方や関わり方が常に保たれている必要はない、ということです。人間ですから時にはどうしても目の前の子どもの行動を受け容れられなかったり、待っていられなかったりします。そんなこともありながら、右にあげたような姿勢が基本となっていけばいいと考えています。

右にあげた在り方・関わり方は、一つひとつの言葉は簡単なものですが、いざ身につけようと

すると、けっこう難しいものです。「生き直し」と言っていいほどの変容が求められる場合もあります。

ここでパターナリズムについてだけ、少しふれておきます。パターナリズムとは、ごく簡単に言うと、強い立場の人が、立場の弱い人にとって良かれと思うことを、本人の意思を確かめることなく行うことです。例えば、子どもは考える力が弱い（ない）と決め込んで、子どもの気持ちを聞かないまま、大人が、子どもにとって良かれと思うことをすることがよくあります。これは、特に障害のある子と関わる大人が陥りがちな関わり方です。

パターナリズムは、父権主義・温情主義と訳されることもありますが、大人の気分次第で関わり方が違ったりして、子どもを混乱させてしまうことがあります。また、子どもから判断や選択の機会を奪うことになります。そのため、パターナリズムに基づく関わりで育てられると、子どもは主体性を育てることが難しくなります。

「子どもを大事にする」と言う時、パターナリズムに基づいた大人中心の発想や関わりに陥らないことが極めて重要です。基本はあくまでも子どもの主体性を尊重することです。

子ども、とりわけ障害のある子どもとの関わりにおいて、大人は子どもの気持ちを理解しようとするよりも、自分の思いや都合を優先してしまうことが多いように思います。このことについて、私たちはより自覚的でありたいと思います。

大人が子どもの存在とその気持ちを大事にしながら関わっていると、それは必ず子どもに伝わります。例えばこういうことがありました。ひまわり教室に来る前にとても辛い経験をした子どもがいました。大人を怖がっていて、身も心も硬く閉じていました。私たちはその子の気持ちを大事にし、暖かくゆったりと受け止めながら関わりました。その子の体に触れる際にはなるべく怖がらせずに触れるようにしていました。優しく声をかけながら肩をなでたりして、少しでも安心してもらえるようにしました。やがてその子は私たちに心を許すようになり、表情も体や手の動かし方もまるで変わりました。通い始めた時にはちょっと手に触られると、それだけで表情を引きつらせ、身を強張《こわば》らせていた子が、そんなことがあったのが嘘のようにすっかり安心し、身も心もゆだねてくるようになり、にこにこと過ごすようになりました。こうした例は一つや二つではありません。

自分たちが子どもを大事にしながら関わっていれば、必ず子どもは、「自分は大事にされている」と思うようになる。私はそう信じて仕事をしてきましたし、今もその思いは全く変わりません。と言うより、ますますその思いを強くしています。

では子どもが「自分は大事にされている」と思えた時、そこにはどのような感情や思いが含まれているか。私はざっくりと次のように考えています。子どもはこのように面倒くさいことを考えていないでしょうから、これは私なりのイメージです。

・一人の人間として尊重されている

・受け容れてもらえている
・理解してもらえている
・信じてもらえている
・安心して、弱い面やだめな面を見せられる
・必要な時に支えてもらえている
・寄り添ってもらえている
・自分らしくいることができる

「自分は大事にされている」と思えた時、子どもは安心感を覚え、大人を信じて生きることができます。安心と信頼をベースにして、子どもは自分の感情や欲求をよりはっきりと、より強く表すようになります。自信を持つようになるのでしょう。その変容ぶりはほれぼれするほどで、まるで人が変わったような印象を抱かせることさえあります。また、様々なものに手を出したり、いろんな動きをしたりと、意欲的で挑戦的になっていきます。子どもは大人から言われたからするのではなく、自分の中から湧いてくる意欲に突き動かされるようにして動きます。その表情は生き生きしています。

それまではあまり動くこともなく、周りの様子をうかがうようにして過ごしていた子が、ひまわり教室が安心できる場所だと分かると、自分から動きだします。何をしてもよさそうだと分か

ると、いろんな動き方をするようになります。私たちがハラハラするようなことにも挑戦するようになります。そんな時私たちは、子どもの姿を喜びながら見守りつつ、必要な手助けをすることになります。例えばある子が、四つ這《ば》いで幅三〇センチほどのゆるいスロープを這って登ろうとしたことがあります。初めてのことです。こちらは子どもが落ちないように見守りながら、手や足の置き所を一緒に探ります。上のほうへ行くにつれて子どもは少し不安そうになり、手も出にくくなりました。こちらはゆっくり見守り、子どもが先に進もうとした時に必要な手助けをしました。決して急がせたり勝手に動かしたりはせず、子どもの気持ちを大事にしました。そうしながら時間をかけてゴールまで達した時、その子はとても満足そうでした。こちらまでうれしくなってしまいました。

子どもを大事にする在り方を身につけていくと、目の前の子どもの気持ちをより細やかに、より的確にキャッチすることができるようになります。子どもが喋らなくても、そのちょっとした目の表情や手や腕のこわばり具合、体全体の様子などから、子どもの気持ちを素早く的確にキャッチし、それに応じていけるようになります。子どもには、そうした大人の関わり方の違いがちゃんと分かります。子どもの理解する力は見事です。

(三) 大切にしたい在り方の中から、三点

子どもの育ちを手助けしながら共に生きる大人はどう在るべきか、どう在ればよいのか。初期

の約十年、私はそのことを考え、他の職員たちに向けて私なりの思いを書いて配りました。書きながら考える、考えながら書く。そうしながら自分（たち）の在るべき姿を見つけていく。そんな営みを積み重ねてきました。一九八〇年代に入ってから、私はより自覚的に大人の在り方を考えるようになりました。

子どもを「生きる主体」「育つ主体」として受け止めつつ、援助する主体としての自分（たち）はどう生きていけばよいのか、どのような関係を育んでいけばよいのか。この問いは現在の私たちにとっても大きな関心事で、機会を見つけては語り合っています。

ひまわり教室は障害のある子どもたちばかりを集めている所です。そのことの問題性や限界はよく認識しているつもりです。その上でなお、子どもの育ちを援助し、子どもと共に生きる大人の在り方を問うことの意味はあるのではないか。そんな思いで少し書いてみます。

前述のように、子どもの育ちに関わる大人の在り方として大切にしたいことはいろいろありますが、ここでは三点について述べてみようと思います、どれもひまわり教室の実践において大切にされていることです。

㊀あるがままを受け容れる――受容の話

まず一点目は、子どものあるがままの姿を受け容れることです。子どもが示す様々な行動や感情表現を、その子の気持ちを示すものとして、あるがままに受け容れる。子どもとの関わりは、ここから始まります。子どもの示す行動の荒々しさなどに目を向けて、その子を否定的に捉える人が時々います。一方、私たちは子どもの行動の奥にある、子どもの気持ちに焦点を当てて理解するように努めます。この違いは、とても大きなものです。

あるがままを受け容れると言った時、なによりも大きいのは、その子の存在をそのまま暖かく受け容れることでしょう。否定的なことを言わずに、目の前の子を丸ごとしっかりと受け容れる。そこから子どもと私たちの関わりを始める。その子が不安で泣いていたとしても、落ち着けず走り回っていたとしても、また大人への警戒心から心を閉ざしていても、そんな一人の子をあるがままに受け容れて、一緒に生きていこうとする。これが何より重要なことです。それにより「あなたを大事にしているよ」というメッセージが子どもに届きます。

繰り返しになりますが、自分があるがままで受け容れられ、一人の人間として尊重され、大事にされていると思える時、私たちは楽に生きることができます。取り繕うこともなく、装うこともなく、安心して過ごすことができます。それは大人も子どもも変わらないでしょう。ひまわり教室が、通ってくる子どもたちにとって、そのような場であればいい。ひまわり教室をそのような場にしたい。これが職員たちの共通の願いでしたし、今もそれは変わりません。

子どもに障害があると、大人はついその「できなさ」に心を奪われ、その部分に働きかけようとします。マイナス面の克服や軽減に力を注ぎがちです。また、かつての私がそうであったように、子どもを少しでも速く伸ばしてあげようとします。でもこれは大人の都合、大人の勝手で、子どもには迷惑な話です。それは大人中心の発想であって、子どもの主体性を忘れたものです。こうした関わり方をする人が、保育や教育の仕事に就いている人の中にけっこういます。その人たちは、自分の思う通りにいかないと、子どものせいにすることがよくあります。これが障害のある子を生きにくくさせている、一つの要因と言ってもいいと思います。

ひまわり教室では、どのような状態の子どもが来ても、その子をごく当たり前に受け止めます。「やあ、こんにちは。これからよろしく!!」といった感じです。ひまわり教室では子どもを引き算で見ることはしません。「三歳なのに喋らない」とか「二歳なのにお座りができない」とか、一般的な子どもを基準にしてひまわりの子のできなさを云々することはしません。目の前の子どもの「今、ここ」で生きる姿をなによりも大事にし、その子が安心して楽しく過ごせるように心を砕きます。

子どもはしばしば、大人からすると困る行動をしたり、思うように動いてくれなかったりします。障害のある子の場合、障害のない子よりもそうしたことが多く見られるかもしれません。ひまわり教室では、子どもの示す行動や感情表現を、まずそのままに受け容れることを基本としています。子どもの行動の良し悪しはちょっと横に置いて、その子のしていることを受け容れ、その子の気持ちを理解しようとします（危険なこともあるので、止めることもありますが……）。

私たちは、子どもをあるがままに受け容れ、子どもの好きなものや好きなことを手掛かりにして、子どもとの関係を育んでいきます。一本のひもや一個のぬいぐるみから付き合いが始まることもあります。急いで子どもを変えようとは思わず、その時どきを一緒に楽しみます。子どもを楽しませると言うより、子どもと大人が一緒に楽しむという感じで、場合によっては子どもそっちのけで大人が楽しむなどということがあったりします。そんな過ごし方を重ねているうちに、どの子も生き生きとしてきて、その子らしさを発揮するようになります。遊びが広がり、動きも大きくなります。表情が輝いてきて、自分を主張し、職員がたじたじになることもしばしばです。

私たちは、子どもが何かをできるようになることもさぐりながら、感情がゆたかになり、自己主張をしたり、おもしろいやり取りができるようになることを喜んでいます。そんな子どもの生きる姿は私たちの心を動かし、耕してくれます。私たちが活性化されます。どの子もそういう姿を見せてくれるようになり、それが私たちの励みとなっています。子どもの秘めている可能性のなんと大きなことか、と感嘆します。子どもたちの素敵な育ちぶりを紹介していると、どれだけ枚数があっても足りません。

子どもをあるがままに受け容れる。これがひまわり教室の実践の基本中の基本となっていますが、じつはそう簡単にできることではありません。誰でもその気になればすぐにできるというものではありません。

子どもは前述したように、大人のして欲しくないことを繰り返したり、して欲しいことをしなかったりと、しばしば大人を悩ませます。子どもとはそういう存在です。子どもと実際に関わっていると、大人は様々な葛藤や迷いなどを抱えます。時には、目の前の子どもに否定的な感情を抱いてしまうこともあります。

どうしても子どものことを素直に受け容れることができない時、ひまわり教室では「自分を見つめ、問うこと」を大事にしてきました。

ひまわり教室では、ミーティングの中で、自分と子どものことについて語り合うことがよくあります。ある子どもの示す行動を受け容れ難い時や、その子の存在そのものを受け容れ難くなっている時に、他の職員に話を聞いてもらいながら、自分の気持ちの整理をします。聞いてもらう前に、書く作業をすることもあります。書くことで気づきが生じることがあります。書いたものを基に語り、聞いてもらうことで気づき、他の職員の話を聞く中で気づく。ひまわり教室の職員はこうしたことを繰り返しながら、いろいろな子どもを受け容れる在り方を身につけ、それをより確かなものにしていきます。これは、何年もかけての重要な「仕事」です。

この「仕事」は数回やったから終わるというものではなく、ずっと続けられることになります。この「仕事」をそれぞれの職員がやり続けていますが、これができるためには、職員間の信頼関係が不可欠です。人は、信頼できない人に対して、自分のダメな面や弱い面など否定的な面を見せることはできません。どんな話をしても受け容れてもらえると思えるからこそ、自分の否定的な部分も安心して出せます。

ひまわり教室では、お母さんたちとの関わりにおいても、あるがままを受け容れることを基本としています。相談の席上、どのような否定的な感情が出されても、それを批判したりせず、受容する。それをベースにして、お母さんたちと共に歩んでいます。

お母さんたちとは、この五〇年、個人相談の席で様々な話をしてきました。お母さんたちで作っている『みちのり』という文集には、障害のあるわが子の存在をなかなか受け容れることができなかった時のことなども記されています。相談の席でもそのような話が出されることがあります。私たちはお母さんの話に耳を傾けながら、お母さんの心の整理の手伝いをします。どんな話が出されても、そのお母さんのことをそのまま受け容れ、その気持ちを大事にしながら聴いていきます。その中でお母さんたちは、自分の在り方を見つめながら変わっていきます。中には、「生き直し」と言っていいほどの深い変容をする人もいます。

㈡子どもを信じることの大切さと難しさ

ある子の足腰がしっかりしてきたということで、後ろから両手を持って歩かせようとしたことがあります。立ち上がらせたとたん、その子はグニャンと座り込んでしまいました。励ましながら再度やってみましたが、やはり腰からグニャンと座り込んでしまいました。そこで、両脇を支えてあげることにしました。するとその子はしっかり立って、ゆっくりゆっくり歩きました。数か月後に、後ろから両手を持ってあげると、今度はしっかりと立って歩きました。では前から両手を持ったらどうかと思い、やってみたところ、子どもはまたグニャンと座り込みました。「それはまだ無理」というサインでした。さらに数か月後、その子は、私が前から両手を持ってあげると、歩くようになりました。

自分でスプーンを使えるようになり始めた子どもの食事に関して、忘れられない出来事があります。その子の食事では、職員がその子の手を持って一緒にスプーンですくい、口に入れるまでを介助していました。それをしばらく続けるうちに、こちらがさほど力を入れなくても子ども自身がすくい、スプーンを口まで運ぶようになりました。すくうところはまだ上手とは言えなかったので、すくうところだけ手伝うことにして、すくったあとは見守ることにしました。ところが、気付いた職員が見守っていると、その子はスプーンを持ったままコックリコックリし始めました。気づいた職員が手を添えてあげると、その子はスプーンを口まで持っていきました。

同じようなことが何日か続きました。それで私たちは、その子は眠ることで「僕はまだ自信が持てない。手伝って」と伝えていることに気づきました。私たちは、ゆっくり時間をかけることにしました。一緒にすくった後、私たちはその子の手の甲に軽く手を当ててあげることにしました。そうするだけで、子どもは自分でスプーンを口まで持っていきました。何日かして、今度は手首当たりに手を当ててあげることにしました。こちらが何の力も入れず、ただ触っているだけで、その子は自分ですくい、そのままスプーンを口まで持っていきました。さらにしばらくして、今度は肘のあたりに手を当ててあげることにしました。その時もこちらがただ手を当ててあげるだけで、その子は自分で食べました。やがて、私たちがどこにも触れなくても、全てを自分だけの力でやるようになりました。

こうしてゆっくり時間をかけていくことで、子どもは安心して自分の手を動かし、やがて自分だけの力でスプーンを口まで運ぶようになりました。この過程で、こちらはただ触れただけだったのです、それが子どもの安心につながったのでしょう。その子は機能的には自分で口までスプーンを持っていくことができたと思いますが、自信がなかったのでしょう。私たちが手を当ててあげるだけで、その子は自分の力を発揮しました。

このようなことが、ひまわり教室ではしょっちゅう起こっています。子どもは、自分のことをよく分かっています。今の自分のできることと、まだ難しいこと。これらを、子どもはよく分かっています。「難しい」の中には、身体の状態がまだ整っていないこと（歩行の例）もあれば、気持ちがまだそこまで達していないこと（食事の例）もあります。外から見ていると分からないのですが、子どもにはよく分かっているようです。

大人は時折子どもに頑張りを求めますが、子どもの心身の状態とかけ離れている時には空振りに終わります。身体上の問題であれ、気持ちの問題であれ、「今はまだその時ではない」ことを子どもはよく知っています。私はいくつもの失敗を重ねながら、子どもが身体全体で示す「自分の気持ち」をよく理解し、その気持ちに添いながら動くことで、子どもにとって好ましいことが起こるのを何度も見てきました。そのことを通じて、子どもを信じて「待つこと」の大切さを学んできました。

子どもを信じ切れない時、つい大人は余計なことをします。これがよい結果につながることはほとんどありません。その一つの例が、いろいろなことをみんな大人がしてあげることで、これは障害児の保護者によく見られる関わり方です。わが子の今の力や育ちの可能性を信じられないと、親はつい、自分で何でもしてしまうようです。わが子を無力な存在と思い込んだり、障害のある子に頑張らせるのはかわいそうと思ったりすると、子どもに挑戦させるよりも自分がしてあげるほうが気持ちが楽なのかもしれません。中には、子どもをあるがままに受け容れるとは子どもに負荷をかけないことだ、と思っている人がいますが、これは大きな思い違いです。

大人が何でもしてしまうと、子どもから大切な機会を奪ってしまうことになります。多少難しいことにも挑戦しながら、子どもは力をつけていきます。自分でやり遂げることで、達成感を味わうことができます。自信もついていきます。失敗をしながら学んでいくこともあります。大人が何でもしてあげることは一見優しい行為のように見えますが、じつはけっこう問題を孕んでいます。ここは気をつけたいところです。

子どもが好ましくない状況に陥っている時に、ゆっくり見守ってあげることができずに、要らぬことを言ったりしてしまうということもあります。子どもが来る日も来る日も激しく泣いている時、その子の気持ちをよく理解でき、その子の可能性を信じることができれば、大人はけっこう余裕を持って付き合うことができます。ところが子どもの可能性を信じられないと、つい「もう泣かないよ。泣かなくても大丈夫でしょ」などと言ってしまうことになります。待てないのです。たいていの場合、こうした関わり方は裏目に出ます。さらに子どもを追い詰めてしまいます。

子どもの不安がなくなるように、ゆっくり包み込んであげるのが何よりです。子どもの可能性を信じている大人にはそれができます。見えないものを信じるのは難しいことですが、子育ての中では極めて重要なことです。

時に失敗しながらも、ひまわり教室の職員たちは基本的に子どもを信じ、子どもの気持ちを尊重して関わっています。そんな私たちの思いは、おそらくどの子にも伝わっていると思います。だからこそ、子どもたちの生き生きした表情、意欲的な動き、大人がたじたじになるほどの自己主張が見られるのだろうと思います。

ここで一つ付け加えておくと、子どもを信じられるためには、大人は程よい自信を持っている必要があります。自分自身の力についての自信と、自分と子どもの関係についての自信。この二つの自信があるかどうかで、大人が子どもを信じる深さがまるで違ってきます。例えば、ある子どもが不安で泣き叫んでいる時、自分に程よい自信があり、自分はこの子が苦境から抜け出るための力になれると思えていると、その人は目の前の子どもの泣きにあまり動揺せずに付き合えます。いずれこの子は不安をなくして、笑顔で過ごせる日が来るだろう。私はその手伝いができる。この子は今私を必要としてくれている。こうした見通しと自信に裏付けられた関わりが、子どもの安心につながります。

では、どうしたらそのような自信を持てるようになるのか、という話になりますが、それについて書いているとどんどん長くなるので、そこは省きます。ただ一つ言っておくと、事例検討を重ねることはたいへん有意義です。それを通して得られることはとても多いのですが、自信を持てるようになるのもそのうちの一つです。まるで自信を持てないと、レポートを書くこと自体ができません。その人が一本のレポートを書けるようになるためには、周りの支えが必要です。支えてもらいながらレポートを書き、みんなの前で話し、周りからいろいろ話してもらうことで、その人は少しですが自信を持てるようになります。

㊂心と心を融け合わせるようにして——介助の話

ひまわり教室に通う子どもの中には、自分だけの力で手や体を動かすことが難しい子が多くいます。その子どもたちが少しでも手や体を動かせるように、職員たちは様々な工夫を凝らします。例えば、思わず手を出したくなるものを目の前に置いてみたり、あるいは少し離れた所に置いてみたりして、子どもの動きが出るのを待ちます。あれこれ工夫していると、少しずつ子どもの動きが出てきます。

中には、おもちゃに触りたい気持ちはあるけれど、手が不自由で思うように動かせない子がいます。その子と関わる時、私たちは、自分の心を子どもの心に融け合わせるようにして付き合います。例えば、積木倒しの遊び。目の前に積まれた積木を倒したい。子どもはそう思っている。でも子どもの手は、思うようには動かない。かつて、そんな場面がありました。私はそっと子どもの手に触れ、子どもの手が積木のほうへ動くように、ほんの少し力を加えました。そして少し待ちました。私の力を感じた子どもは、ゆっくりゆっくりと手を積木の方へ動かしました。少し動かして、その子は手を止めました。少し様子を見て、私はまた少し力を入れました。一方的に動かす格好にならないように、あくまでも子どもが主体であることを忘れないで、私の心と子どもの心が融け合っているかのような気持ちになって、子どもの手の甲に少し圧を加えました。それを感じた子どもは、またゆっくりゆっくりと手を動かしました。積木はほんの少し押しただけで倒れて落ちるように、テーブルの端のほうに積んでありました。何分もかけて積木に手が届いた子どもの一押しで、ガチャーンという大きな音をたてて、いくつもの積木が床に散らばりました。その大きな音に驚いて一瞬目をつむり体をこわばらせ、その後その子は、ホーッとした表情を見せました。静かだけれども満足した様子を見て、私もうれしくなりました。

こうした関わりが、ひまわり教室では毎日のように見られます。遊びの場面でも食事の場面でも、子どもと大人が一つになってやり遂げることが頻繁にあります。子どもだけの力でやるわけではない。大人がしてあげるのでもない。「主体は子ども」であることを忘れずに、子どもと大人が心を融け合わせるようにして、一緒にやる。言わば「育つ」と「育てる」が融合したような姿がここにはあります。ひまわり教室の保育の一つの特徴です。

自分で動かせる範囲が大きい子どもの場合でも、基本は同じです。自分だけでできるところは子どもだけでして、手伝いが必要なところは手伝ってもらいながらする。そうした営みをくり返しながら、子どもは力をつけていきます。介助において大切なのは子どもの主体性を損なわないことですが、ほどよい加減を見つけられるようになるには経験と学習が必要です。この経験の中には、当然のことながら様々な失敗も含まれます。失敗をせずに何かを身に付けていくことはない、と言っていいでしょう。

四、大人どうしの良い関係を育てる

（一）大人どうしが信頼し合えない現実が――

子どもが一人の人間として尊重され、その人権を守られながら育っていけるためには、また暖かな慈しみの心に包まれて安心して育っていけるためには、子どもに関わる職員どうしが信頼し合いながら子育てに取り組むことが極めて重要です。職員どうしが信頼し合えていない環境で、子どもの好ましい育ちが実現することは不可能に近い。長年様々な子どもたちと一緒に生きてきた者として、私はそう思っています。

大人どうしがたがいに不信感を抱いていたり、不満をため込んでいたりしていると、「ここ」という時に心を一つにして取り組むことができません。大人が子どもの心身の状態や課題などを共有しないで、それぞれが勝手な理解の仕方ややり方で子どもと関わっていると、子どもは混乱してしまい、安心して過ごすことができません。

私はこれまで、保育・教育の現場や福祉の現場で右のようなことが起こっているのを、幾度となく見聞きしてきました。そこでは、しばしば大人どうしの問題が棚上げにされ、何かトラブルがあると「子どもに問題がある」とされました。大人のせいで子どもが安心して過ごせていないのに、大人は自分たちに目を向けようとしないのです。子どもにすれば、とんでもない迷惑です。

また、子どものためになりたい、障害のある子どもや大人の人たちの役に立ちたいと思って仕事に就いた人が、職員どうしの人間関係に耐え切れず職場を去った例をいくつも見聞きしてきました。「子どもが好きで、子どもといる時間は楽しいのに……」「障害のある人たちといると楽しいんだけれど……」。こういう言葉を何度聞いたことでしょう。

(二) よいチームワークを作りたいと思い続ける

一九七〇年に初めて仕事に就いた時から、私は職員どうしの関係を大事にしたいと思っていましたが、ひまわり教室を開いてからはさらにその思いを強くしました。しかし、前のほうにも書いた通り、最初の頃は空回りの連続でした。曲折を経て私は、自分のことも周りの人たちのことも、けっこう余裕を持って考えられるようになりました。

そんな私がこの間大切にしてきたことを、少し記しておこうと思います。ひまわり教室の他の人たちもいろいろ考えながら仕事をしていますが、そこは省いて、ここでは私なりのものを少し書きます。

まず第一は、当たり前のことながら、「よいチームを作りたい」と思い続けることです。これについては、私はこの何十年間、ひたすらそれを求め続けてきたと言ってもいい程です。

保育や教育の現場では、チームで子育てをしていきます。人間が生きるのを支える現場では、職員どうしの信頼関係がなによりの財産です。

極論を承知の上で私は、「職員どうしが信頼し合って、明るく楽しく仕事をしていたら、それだけで子どもは育つ」と言い続けてきました。それほどに、大人どうしの信頼関係が大事だと思っています。

チームワークの良さが問われるのは、目の前に大きな困難をかかえる子がいる時です。例えば、自傷行為を続ける子や強い不信から大人を簡単に寄せ付けない子がいた時、職員が一つのチームとしてその子をどう受け止め、どう関わっていくのか。ひまわり教室のように担任制を取らずにチームで取り組んでいる所では、特に職員全体としての受け止め方や関わり方が問われます。保育所や学校のように担任制をとっている所でも、一人だけの力で全てが達成されるなどということはありません。担任以外の人の力も合わせて、互いに信頼し合って協働することで、はじめて好ましい結果にたどり着くことができます。

子どもの心理状態や大人との関係や当面の課題などについて、一人ひとりの大人がそれぞれに感じていることや考えていることがあります。話し合いの中で一人ひとりが自分の思いを出せるかどうかが、まず問題となります。一人の見解だけが強調されて、他の人が喋ることができないとしたら、たとえその人の見解が正しいとしても、その決め方は決して好ましくありません。どんな些細なことでも口にでき、就職して半年の新人の思いや意見も尊重されるような語り合いがとても重要です。

誰もが納得できる考えにたどり着くには、時間がかかります。ささやかな思いや自信を持てない人も気持ちを出せるような場を作ることが求められます。疑問や不安なども出せて、どの思いや気持ちも大切にされるような語り合いの場が必要です。これは決してたやすいことではありませんが、極めて大切なことです。

「よいチームを作りたい」という思いの深い人たちがいれば、そうした語り合いの場を作っていくことができます。その思いをみんなで共有できれば、より実りのある語り合いがなされるようになり、それに伴いチームが育っていきます。それは単に仲良しの関係になるのとは違います。上辺だけの仲の良さは薄っぺらです。いざという時の力にはなり得ません。

よいチームには信頼関係が不可欠です。深い信頼関係は、ただ仲が良いのとは違います。時に厳しいやり取りもあります。でもお互いを否定することはしない。厳しさもあり、暖かさもある。そのベースに互いを尊重し合う心がある。そんな関係を育てていきたいものです。

(三) 互いを大事にし合う関係を

では、互いを大事にし合う関係をどう育てるか。これが意外と難しい。私が最初に就職した施設で、同僚の一人が精神的に辛い状態になりました。私はその人のことをみんなで支えてあげたいと言ったのですが、先輩の職員から「自分らは子どものためにここにいる。他の職員のためにここにいるわけではない」と言われました。今でも、この先輩の言葉はもっともだと思う一方で、不十分だとも思っています。

私は当時も今も、子どもたちのことを大事に思うのであれば、一緒に働く同僚も大事にしなければならないと考えています。そうでないと、子どもの生活も育ちも守っていけない。

一人ひとりの人権を尊重する。これは私たちの社会をよりよいものにしていく上で基本となる態度・在り方です。そのことを踏まえた上で私は、生身の人間どうしが日々、様々な関わりを重ねながら生きていく際の在り方として、「他者を大事にすること」の重要さを思い続けています。子どもを大事にするのと全く同じように、大人を大事にしていけたらいい。それが同じ願いを持って仕事をする仲間であればなおのことです。日々の生活の中ではとても難しい在り方ですが、少なくとも子どもの育ちに関わる仕事に就いている人たちの間においては、この在り方を基本にして、互いに力を合わせていけたらいい。

同じ願いを持って、と書きましたが、人と人は一見同じ願いを持っているようでも、その感じ方や思い方が微妙に異なります。ある子どもが来る日も来る日も激しい調子で泣き続けている時、誰もがその子が泣かなくてもよい日が来ることを願います。でも、どの人もその子のことを同じように受け止められるわけではありません。関わり方も一様ではありません。心からかわいそうに思い、早くこの状況から抜け出せるようにしてあげたいと思う人もいれば、かわいそうにと思いつも「少し甘えているんじゃないか」と思ってしまう人もいます。また、負担に感じることなくその子の泣きに付き合える人もいれば、激しい泣きに耐え切れない人もいます。泣き声を聞くのが辛くて、ついその子から離れがちになる人もいます。

また、なかなか集団に入り込めず他の所へ行ってしまう子がいる時、その子の気持ちを理解してわりとゆったりと見守ることができる人もいれば、つい「わがままなことをして…」と思ってしまう人もいます。子どもの気持ちを理解しつつ、みんなの中へ入るように誘っていける人もいれば、それを言いたくても自信がなくて言えないという人もいます。

子どもの気持ちに寄り添える大人は職員のミーティングの中で喋りやすいものですが、その子に否定的な感情を抱いている人や子どもとの付き合いに及び腰になっている人は喋りにくいものです。つい黙りがちになります。その時に求められるのが、子どもに対するどんな否定的な感情も出せる場の雰囲気でしょう。子どもへの否定的な感情を抱いてしまう人を非難するのではなく、その人の存在や感情を大事にして耳を傾けることが周りの人たちに求められます。ただ、それは人の気持ちを是認するのとは異なります。共感的に理解することと、是認することは違います。わかりやすい例として、「どなりつけたい」気持ちを理解するのと、どなりつけることを是認するのとは全く違います。ここは重要なところです。

人はみな、一人ひとりが違います。違うからゆたかになれるのです。どの人も全く同じように感じたり関わったりして、一糸乱れずに取り組むことがゆたかな保育や教育につながるわけではありません。むしろ、否定的な感情や戸惑い、躊躇なども含み込みながら、その時のチームとしての最善のものを目指す時にこそ、保育や教育の幅とゆたかさが出ます。暗い部分を含んだ明るさといった感じで、実践の場では、これはとても大事なことのように思います。絵画でもまっ白なキャンバスに塗った赤といったん黒色を塗った上に重ねた赤では、その深みが違います。何事であれ、複雑さがゆたかさにつながるように思います。保育や教育の現場でも、多様な感情や思いを含みこんだ取り組みのほうが深みがあり、確かさも増します。様々な感情を含みながら取り組むほうが、一糸乱れずに前進する時よりも、自分たちを見る目も深くなり、幅が出ます。謙虚さや程よい慎重さも生まれます。「一致団結」というまとまり方は恐い面を持っています。私はあまり好きではありません。だからと言って、一から一〇までばらばらでは、いい実りを得ることができません。ここがとても大事なところであり、難しいところです。

一人ひとりが違いながら、同じ方向を向いている。あるいは、同じ方向を向きながらも、微妙に違っている。そして、そのことを互いに理解し合っている。それがいいと思います。違いを大事にし合いながら歩んでいる中で、互いに自分のことを見つめ、相手のことを思い合えたら、そのことを通して信頼関係を深めていくことができます。

人は生きていく中で、さまざまな困難に遭遇します。仕事上のことであったり、家庭での問題であったり、自分の心身の問題であったりと、理由は様々ですが、思うように生きることができずに苦しんだり、悩んだりすることがあります。

仕事上のことであれば当然ですが、個人的問題の場合でも、本人が話したい時に話せるような関係ができていることが、よいチーム作りにつながります。本人が話したくないのに周りが聞き出そうとするのは論外ですが、互いに他の人のことを大事にし、気にかけ合っていると、悩み苦しんでいる人が声を出しやすくなります。

ひまわり教室では、互いのことを気にかけ合い、ある人が苦しそうだったり、辛そうだったりした時、一人の人間が聴く場合もあれば、複数で耳を傾ける場合もありますが、いずれの場合も、当人のことを大事に思いながら話を聴くことになります。他の人にゆっくりと聴いてもらい、理解してもらえることで、人は余裕が持てるようになります。ガチガチに固まっていた思いがやわらかくなったり、悲観的にしか考えられなかったのが少し明るい気持ちで考えられるようになったり、ということが起こります。それによって、苦しい局面を越えていくことができます。

チームとして子育てに取り組む上では、このような仲間への暖かな関心と心配りが重要で、これは人権尊重といった理念的なものとは少しニュアンスが異なります。それは子どもとの関わりについて述べたことと同じです。ただ、子どもに対しては慈しみ、いとおしむ在り方が重要なのに対し、大人どうしではそれとは異なる在り方が求められると思います。その在り方を記す言葉を、今の私は、残念ながら持っていません。

意見や感情が異なっている者どうしが理解し合い、尊重し合うことは、決して容易なことではありませんが、互いに大事にし合う在り方を育てていくことで、私たちは違いを含み込みながら共に歩む人になっていけます。前述したように、日常生活において互いに大事にし合う関係を作るのはかなり難しいことですが、子育てという共通の目的を持って集まっている者どうしであれば、互いを大事にし合う関係作りは可能であると思っています。

五、排除のない、共生社会の実現を願って

ひまわり教室では、その開設以来、通室を希望する子を一人も断らずに歩んできました。断る理由が全くなかったので、どの子も受け止め、一緒に生きてきました。

それまでに関わったことのないような子ども（例えば、今で言う「医療ケア児」が三〇年ばかり前にやってきました）が来た時には、その子のことについてお母さんからよく話を聞き、関わり方を教えてもらいながら取り組みました。お母さんがその子と毎日一緒に生きているのだから、その人から学べば、ひまわりでもやっていけるはず。それが私たちの共通した思いでした。そのようにしながら、どの子も排除せずに歩んできました。今もその姿勢は変わりません。

ある時、「あんまり障害の重い子を入れると、うちの子をよく見てもらえんようになるわ。そやし（だから）、あんまり入れんといて」と言われたことがあります。五〇年近く前のことです。そのお母さんの気持ちをよく聴いた上で、私からは「自分の子だけを見るのではなく、どの子のことも気にかけながら生きていけるようになってほしい」とお願いしました。幸いなことにこち

らの思いをよく理解してもらうことができ、そのお母さんは、どのお母さんよりも他の子どもたちのことを気にかける人になっていきました。私はその経験を通して、相手の思いを深く理解することと、こちらが大切にしていることを誠意を持って伝えることとの大切さを学びました。このお母さんとのことは、私にとって貴重な財産となっています。

今の社会を見ると、依然として、障害のある子は地域の保育所や学校から排除されることが多く、特に「障害が重い」と言われる子に対しての壁は、とてつもなく高くて厚いものです。五〇年前と比べると国の法律も整えられ、制度的には前進しているものの、人々の意識はそう簡単に変わらないようです。学校では通常学級に通う障害児が増えず、少子化現象の中で、分けた場で学ぶ子どもの数が増え続けています。また学童クラブに障害の重い子が入っていくのはとても難しそうで、その一方で、障害児だけが通う放課後等デイサービス事業所が増え続けています。ここには、現行の制度の不備や誤りが大きく関わっています。例えば教育に関しては、法律の不備もあり、共生教育とかけ離れた制度が続けられています。制度が人々の意識を規定することがしばしばありますが、教育の例はその典型と言えます。

今でも、子どもの育ちに関わる人の多くが、「分けるのが当たり前」と考えているように思われます。障害のない子どもたちの通う場に障害児が入っていけないことについて、多くの人は、さほど罪意識を持っていないようです。むしろ、分けた場でその子に合った保育や教育を受けるのがその子のためだ、と思い込んでいる節があります。行政の人も、現場の先生も、保護者も、そう思っているようです。

わが国の教育が分離教育であることは、二〇二二年九月の国連の障害者権利委員会の指摘を待つまでもなく、明らかなことです。国が本気になって共生教育の実現に向けた施策に取り組み、予算を大幅に増やせば、現場の様相が大きく変わるでしょう。まず「普通教育」を抜本的に変えなければなりません。しかし、国にはその気が全くないようです。その中で様々な問題が続出しています。その問題にきちんと向き合うことが、今求められています。どの子も地域の大事な子どもとして受け止め、いろいろな子が共に学び共に育つ学校教育の仕組みを早急に作るべきです。とは言え、全てを国の政策の誤りや不備のせいにしてしまうのも問題です。今日の厳しい状況の中でも、それぞれの現場でできることはあるはずです。

どの子も排除することなく、一人ひとりの子どもを大事にし、その子らのゆたかな育ちの手助けをするためには、そこで働く大人たちが信頼し合い、大事にし合って仕事ができることが極めて重要です。大人たちが安心して働ける場、信頼関係を基に心をつなぎ合えている場では、子どもたちも安心感や安全感を覚えます。そこでは子どもどうしの心もつながり、共に生きる関係も育ちやすいでしょう。そんな保育・教育の場作りが求められています。

生身の人間ですから、時にはギクシャクした関係になったり、すっかり自信をなくしてしまったり、どうしてもある子を受け止め切れなくなったりと、悩ましいことや苦しいことがいろいろと起こるでしょう。そうした困難を乗り越えていける信頼関係、心の結びつきがあるかどうか。

そこが大人たちに問われています。どの子も排除せず、いろいろな問題が生じてもそれをみんなの力で乗り越えられるような、暖かさと懐の深さを持った子育てのチームがあちこちに生まれ、その下で様々な子どもたちが共に育っていく。そんな流れを大きくしていきたいものです。

制度によって現場が大きく規定されるのは確かですが、現場から制度を変える力を生み出すこともできるはずです。共生の保育や教育の現場の広がりをぜひとも見たい。それが私の大きな願いです。

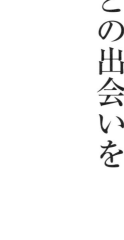

大切なものとの出会いを重ねて

満仁﨑《まにざき》　信世《のぶよ》

一、言われるままに

私が一九八三年に勤め出してから一五年ほどは、今では考えられないくらい、手の込んだ行事をやっていました。親子で参加の一泊合宿では、一〇〇人近くが参加する海水浴（海まで遠い）。クリスマス会では大工仕事をして舞台を作り、出し物（職員の劇やダンス）の練習（お母さんたちも出し物をした）をしたり、影絵（脚本・人形制作・声の録音・人形を動かす練習・本番での披露）をしたり。新年会では、お餅つき（かまどで米を蒸すところからやる）をやったりしていました。教室でやることの何もかもが手造りで、温かさが伝わるものばかりでした。資金集めのためのバザーは規模がでかいし、廃品回収も日常の仕事。送りの帰りは、車が段ボールでいっぱいということがよくありました。そういう忙しい日々でも、私は子どもたちと遊ぶことがとにかく楽しくて、教室のやっていることが面白くて、大変だけどこんなに楽しんでいて給料をもらっていいのか、と思っていました。

一方で、私はこの仕事の知識がないわけで、「やっていくのは無理」と何度も言っていました。そのたびに、「やめるのは最後」と言われていました。教室の方針が最初からしっかりしていたので、私は単純な人間で、そのまま「ああ、そうなんだ」と思って仕事をしていました。言われるままに、何でもやっていました。

徳田さんからは、「経験は大事だけれど、それだけでは車の片輪。理論をもう片輪にすることで安定して走れる」とか、「今のままで、子どもや親の前に立てると思わんことや」とか、よく言われました。これはどの職員にも言っていたことです。そうなれる自分になろうと思って、何とかやっていた私でもありました。毎週のように出される印刷物での勉強会や、一人が実践レポートを一本ずつ持ち寄っての検討会も毎年ありました。それだけでなく、山や野で子どものように遊ぶこともよくありました。

教室では子どもたちを、「障害児のAちゃん」ではなく、「Aちゃん」として受け止めてつき合っていました。子どもたちはみな、一人ひとり違っていて、とても味のある、個性のかたまりで、全身で「自分」を主張していました。世間一般の見方ではなく、もっと違った視点で見ることの大切さも実感していきました。

二、誰もが通える教室——医療的ケアのこと

私が金沢の教室に異動してすぐの頃（私は最初の一年は松任ひまわり教室で働いていた）、知り合いから「ひまわりって、どんなに障害が重くても通えるんだよね」と聞かれ、勤めて数年の私は即答できずに持ち帰りました。他の職員に「どんな子でも通えるよ」と言われ、本当に誰も断らないんだな、と思ったことを思い出します。その時に来た子は鼻チューブをしていて、それを外すために口から食べる練習をしていた子です。一日中スプーンで少しずつ飲ませていました。思い返すと、私が金沢の教室に移ってからずっと（今でも）、何らかで医療に関わりのある子が通ってきています。誰もが通えるようにするにはケアについてよく知らなくてはならず、ケアをできる自分にならなければなりません。お母さんができることは、一人ひとりのケアをお母さんに教えてもらってやってきました。病院へも一緒に行かせてもらい、主治医の先生から話を聞いたりもしました。

私に医療ケアのことを教えてくれ、そのケアをするための基礎を作ってくれたのは、一九九三年に来た新保暁久《あきひさ》さんです。交通事故に遭い、小学校二年から五年まで入院していた暁久さんが、退院してから、教室に週に三日通うようになりました。暁久さんは人工呼吸器を使っていて、自発呼吸がありませんでした。痰が出ると、アラームが鳴ります。そんな時は、喉につけてあるカニューレを外して吸痰器で痰を取りますが、手間取るとすぐに顔色が白くなり、暁久さんが苦し

い顔をしてしまいます。死がすぐ隣にある、と感じました。吸痰は暁久さんの生活に欠かせない行為でした。お母さんに習い、何度もアワアワになりながら、慣れていきました。この出会いは、私の「医療的ケア」との出会いでもあり、家族の生活を支えることの大切さも教えてくれた出会いでした。

七歳からの人工呼吸器での生活には吸痰も伴い、夜はなかなか眠れないと聞き、十分なことはできないけれど、何かできないかと思って月に一回、家に泊めてもらい、暁久さんと二人で過ごしました。お母さんたちには、一晩だけですが、安心して寝てもらおうと思いました。夜中ゴーゴーと痰が騒ぐ音がすると、起きて吸痰し、二、三時間おきに体の向きを変えました。体が慣れるまでは、寝た姿勢から自分の体を起こす時に体が重くて起きられない。お母さんたちは毎日こうなんだなと思えたことも、暁久さんが一晩中起きていて、そばへ行くとニヤニヤしていたのも懐かしい思い出です。新保家の皆さんからは、晩御飯を食べさせてもらい、暁久さんが呼吸器をつけて生きること、食べること、外出すること、将来のこと、命のことなど、いろんなことを話してもらいました。その一つひとつが新鮮で、考えさせられることでした。

二〇〇二年に仲間の人たちと生活支援センター・エポックを立ち上げ、暁久さんの生活もエポックで支えていけるようになり、私のお泊りは終了しました。

この時の経験がなかったら、その後の医療的ケアの必要な子どもたちのケアに自信が持てなかったと思います。とても大切な私の宝物です。残念ながら、暁久さんは二〇二一年に、三九歳で亡くなりました。でも、暁久さんは今も私の心の中で生き続けています。

三、声が届かない

（一）智生《ともき》君

一九九五年八月に通い始めた智生君（一歳一か月）との出会い以降、何人かの子たちに出会う中で、自分の言葉が届かないことのもどかしさやくやしさ、はがゆさなどの思いを抱き、葛藤の日々を送ることになりました。

目の前の子どもに、「あなたは今のままで十分」「あなたはいい子だ」と言えることは、すごいことです。私は、智生君との数年の間は、どうしても「このままでいい」とは思えずにいました。智生君が小さい間は別に気にしていなかったのですが、三年目（九七年・智生君は三歳）くらいから、「このままでいい」と思えなくなったような気がします。

智生君は通い始めた時から、家では泣くとタオルが口に入れられ、智生君はそれをチュッチュして泣きやんでいました。教室では、タオルで泣きやむのではなく、人が関わって泣きやますために抱っこをしていきました。泣く時も激しいけど、笑うのも人一倍大きくて、どちらにしてもエネルギーあふれる智生君でした。くすぐったり、抱っこしてぐるぐる回ったりして相手をすると、すぐにケラケラ笑ってくれ、とても楽しい時間を過ごせました。泣いた時は、抱っこでは泣きやまないけど、セーラームーンの絵本を見せると、泣きやんでいました。絵本にも負ける私でした。

三年目は、職員のミーティングで、「泣いた時には、一人で泣きやむように伝える」「食事時間に嫌いなものを口から出してはいけないと伝える」などを確認をし、いろいろと智生君に伝え始めた年でした。私がしてほしいこと（玄関から外へ出ないとか、手元を見て食べるとか、手指を使って遊ぶとか）は、私が言うと、あくびをしたり泣いてしまったりでした。一方で、大好きなぐるぐる回しは大よろこびで、何回もしてほしがります。なかなか我慢ができなかったり、大はしゃぎと大泣きの中間がなかったりの智生君でした。私が抱いたから泣きやむ、言うことを聞いてもらえる、という実感は持てずにいましたが、それができるようになることが次のステップに行ける重要な鍵のような気がしていました。

（二）罪悪感

通い始めの頃かなと思いますが、教室の送りの車が家の前に着くと、お母さんがタオルを智生君の口に突っ込み、「セット完了」と言っていました。タオルがないと泣きが納まらない、とお母さんはタオルに頼っていました。家の車に乗る時も、助手席に座らせ、タオルをくわえさせていました。またある時期、車に乗る時にじっとしていられなくなっていた智生君に、「座っているようには言えない」と言っていたお母さんは、後ろの座席で自由にさせていました。智生君は車が揺れるほどに飛び跳ねていました。

お母さんは智生君に伝えられていない、しばらくはそんな関係だったと思います。そんなお母さんに対して、こちらから「こうしたらどうか」と言うことはありませんでした。もちろん、家でやりはじめれば、智生君はしっかりしていくだろう、とは思っていました。

お母さんとは、当番に来た日や送迎時などによく話をしていました。お母さんが智生君の話をするのを聞いていて、その時は楽しく喋れるのだけど、違和感（罪悪感かも）が少し残りました。お母さんは「智生はかわいい、こんなかわいい子はおらん」と言いました。私も智生君がかわいいのです。でもどちらかというと、「このままでいいわけがない」と思っていたわけですから、こんな気持ちのまま聞いていていいのか、と感じていました。

（三）泣きやんでくれた

四年目の一九九八年度、「泣いた時すぐに抱かず、自分で泣きやめるように見守るようにしよう」とさらに職員で確認をしていました。五月に、玄関から戸を開けて外へ出てはしゃいでいた智生君は、先輩の職員に強く叱られました。この日以降、あまり外へ出なくなりました。「ダメだ！」と叱られたことが、しっかりと智生君に伝わったことが分かりました。私の思いを分かってもらえる感じが持てずにいたので、「相手によっては伝わるんだ、やっぱり」と思いました。

この年の夏、智生君は自分の感情が押さえられず、要求が通らないとガラスや壁に頭をぶつけて泣いたり、キーッとなって自分の腕に噛みついたりすることが見られました。こうなってしまうと、なかなか一人ではおさめられませんでした。自分を傷つけるのはかわいそうなので、そうなった時は抱きついて、噛ませないようにする、という感じで対応していました。回数はそう多くはなかったのですが、今までになかったことで、びっくりしたことを覚えています。

ある時、キーッとなっている智生くんの後ろから抱きついて両手を握り、「しーっ」と耳元で言っていると、智生君がハッとして、次第に落ち着いていったことがありました。この時初めて、私が相手をして泣きやんでくれたという実感が持てました。少し「やれるかも」と思えるようになりました。

この年の智生君は、聞く構えがついてきたこともありましたが、理解する言葉が増えたり、食事でスプーンを離さずに持ち、食べたいもののほうへ持っていったりするようになりました（それまでは、すくってあげてからスプーンを持たせていた）。教室では月に一、二回、お母さんたちに教室に来てもらって、遊びに入って一緒に遊んだり、食事についてもらったり、後片付けを手伝ってもらったりしていました（個人面談もありました）。九九年の一月に当番に来た智生君のお母さんがわが子の食事につき、「家ではこんなに座って食べていない」と言いました。

四、子どもの側に立つ視点

ここで、少し智生君から離れます。

同じく九八年のことです。職員が連絡帳を書いていると、ある男の子が職員が書いている連絡帳を触りに来ます。触りたい彼と、触ってほしくない職員。八人いた職員がそれぞれに「触らない」と伝えていました。彼はその中の触らせてくれそうな職員の所へ行くわけです。叱られる職員の所へはあまり行かない。行ったとしてものぞくだけだったりしました。

それまでも私の言葉が届かないなという思いをずっと持っていて、子どもに遊ばれる（私をちらっと見て、してほしくないことをするとか、私が止めても知らん顔して外へ出ていくとか）こともたくさんありました。私の言うことは聞かないのに、先輩の職員の言うことは聞く、という子が何人もいました。先輩の職員の声はしっかりと子どもの心に届いていました。「ここ」という時に、一言だけで子どもの心に届くのでした。不思議でした。私も子どもに言うのですが、聞いてくれず、何度も何度も言うことになり…、その声はでかくなり…、「最近、怒る声ばかりが聞こえる」と言われるようになっていきました。止めたくなるようなことを何度も繰り返す子どもに、「もう！　何度言ったら分かるの！」と叫んだ私に、徳田さんが詩を見せました。

せんせの　いつもの　くちぐせは

「なんどいったら、わかるのよ」
でも　せんせ
ぼくも　ちょっといいたいよ
「なんどやったら　わかってくれるの?」（徳田・作）

この詩を読んで、笑うしかなかったのですが、思いが伝わらないもどかしさなどはお互い様かもしれないなあと思い、子どもの側から見ること・考えることが抜けていたことに気づかされました。いつまでもやっているわけでもないだろうし、思う存分やったらいいのかもしれないなあ。この詩のように、子どもの目になってみるということも、とても大切なことです。その上で、こちらの思いを伝えられる関係、聞いてもらえる関係を、子どもたちと作っていきたいと思ったことを思い出します。子どもたちは私の姿を写す鏡です。有難いと思います。

五、周りへの信頼感を持つための手伝い

(一)　不安の強い女の子

それともう一人、九八年四月に出会った女の子との関わりで、「今」を大事にすることを改めて実感することになりました。

よく泣く子で、火がついたように泣く声は、「不安でどうしようもない」と聞こえ、辛いものでした。ちょっとしたことで泣いたり、手や足を握られるとギャーッと泣いたり。触られるのをとても嫌がっていて、差し出されたオモチャは指を反らして持ちませんでした。小さい頃から「手や足を触られること＝嫌なこと」という体験をたくさんしたのかな、と職員で話し合いました。「いずれ大丈夫になる」という見通しを職員みんなで確認し、「手や足を持っても嫌なことはしないよ」「触られることは気持ちのいいことだよ」を伝えられたらな、と思って接していきました。

私がその子と一対一で付き合うことになりました。まずは今のそのままを受け止めよう、とにかくいちばん泣かなくていい状況を作ろう、居心地のいい状態にもっていってあげよう、と思っていました。泣いている時は同じ抱き方で抱いてほしがって、そうしないとぐずっていました。言うことを聞きながら動くうち、一か月ほどで、私と二人きりでいる時にはニコニコすることが増えていきました。午前中は別室で、泣いているその子を抱いて揺らしていることがほとんどでしたが、うつ伏せで下ろせる時は下ろして、踊って見せたり、おもちゃを出したりしました。

お母さんはその子が金沢の教室に通い始めて最初の「まとめ（日々の記録を一か月半ほどの範囲でまとめたもの）」を見て、その中の、「泣くのは大事な言葉」「泣くのには意味がある」と書いてあるのを読んでハッとした、と言っていました。この時期、お母さんは泣くことをとても気にしていたので、送迎車には乗せず、お母さんが送り迎えをしていました。最初の頃、お母さんから受け取る時、私が「おいで」と言うと、首を振って体を反対側に向けていました。お母さんから離れるのを嫌がって泣きますが、それでもその子を受け取り、私が抱っこをして午前中を過ごしていました。

午後になると、あやすと笑いました。「アハハ」と声を出して笑うこともありました。こんな時は視線が合うとニコニコなので、思いっきり楽しく見つめ合って遊びました。こんな機嫌のいい時に、少しずつ他の職員も関わっていきました。いちばんうまく遊びに来ていたのは徳田さんでした。そっと泣かさずに近づき、好きな遊びを一緒に楽しむ、という形で遊んでいました。自然と徳田さんの顔を覚え、楽しく遊んでもらう経験を積んでいきました。この関係は次々と他の職員に広がっていきました。

最初の頃はうつ伏せで体の向きを変えたりしていたのですが、次第に腹這《ば》いで前へ進むようになり、自分の行きたい所へ自在に行くようになりました。四か月後には、手を握っても大丈夫になり、おもちゃを持ったりするようにもなりました。おもちゃをポイッと前へ放り、それを追いかけて這《は》う。これをくり返して、這《は》って回って遊んでいました。こんな様子が見られだしたものの、午前中に泣くことはまだ続いていました。

一二月になってようやく、朝会って「おいで」と言うと、こちらへ体を傾けてくるようになりました。お母さんに「バイバイ」と手を振り、どうということなく別れることができる日も出てきました。お母さんから、「朝、娘を泣かさずにスムーズに教室に預けることは、通室しはじめた頃からの、私の夢でした。だから、涙が出そうになるくらい、本当に嬉しいことでした」と聞きました。

（二）　安定した日々

二年目（九九年）は、四月からとても安定していました。職員とならら誰とでも大丈夫になり、自分から職員の膝に乗っていくようにもなっていきました。

一〇月には四つ這《ば》いをするようになり、さらに行動範囲を広げていきました。それは、その子の気持ちが広がっていったことの現れでした。

私は九八年四月からほぼ一年、その一人の子に寄り添いました。私は「この泣き続ける子を大事にできなければ、ひまわり教室の保育と言えない」と思って付き合っていました。これはその「一人の子」のことを大事にしようと考えて見守り、適切な関わりを一緒にした職員たちがいなければできないことでした。

ひまわり教室では、この子の場合だけでなく、通っている子どもたちがみんな「その時の自分を受け止めてもらい、安心できる人たちの中で、自分らしくなっていく」、その手伝いをしているのだと思いました。

（三）　絶対的安心感・信頼感

　翌年の一月のある日、私はその子の髪を切りました。家では切るのが大変だというので、代わりに切ったのです。何をしても嫌がらなくなっていたものの、私がハサミを持ち、その子を新聞紙の上に座せると泣いてしまいました。でも諦めたのか、逃げていくことなく切らせてくれました。

　次の日にもう一度仕上げをしたのですが、この時は徳田さんが抱っこをすることになりました。すると抱っこをされた途端にその子は体の力を抜き、もう何でもしてちょうだいという風。髪を触られて気持ちよかったのか、コックリコックリと寝てしまうほどでした。びっくりしました。「絶対の安心感」というか、この人は自分にとって絶対に悪いことはしない、という安心感があるように見て取れました。子どもからそういう安心感を持ってもらうことは、なんて幸せなことなんだろうと思いました。

　そう思うとともに、疑問がわきました。なぜ徳田さんとなのか？　なぜ長く付き合っていた私にではないのでしょうか？　この疑問は、二〇〇二年に出会った子の時にはっきりしていきました（後で出てきます）。

六、大きな変化の時――お母さんの変化と智生君の変化

（一）　お母さんの変化

九九年の智生君に戻ります。私は教室でも「つながりの会（学校へ行っている子たちの親の会）」でも、智生君のお母さんとは以前からいろいろ話をしていました。夏に、「障害児を普通学校へ・全国連絡会（全国連）」の全国交流集会が金沢で行われる予定で、それについても動いている年でした。

家庭訪問に行きたいと伝えてあったのですが、九七、九八年度の二年間行けずにいました。家が片付いていない、というのが理由でした。九九年にようやく、「七月に来てほしい」と言われました。

その一か月前にお母さんから、「頑張って家を片づけて、台所にテーブルを置き、椅子に腰かけてご飯を食べられるようにしたいんや。頑張るから」と聞いていました。「ようやく家庭訪問に行ける」と思い、嬉しくなりました。七月、家へ行くと台所に置かれたテーブルで食事をする智生君がいました。

お母さんはこの七月には、就学のことを考えていました。お母さんは、一緒に考えていけるように全国連の集会にお父さんを誘っていました。家庭訪問の時に、少し渋るお父さんを私も誘って、「一緒に考えていきましょう」と言いました。

交流集会が終わった後、私は「あと一年もない。智生君を何とかしたい（教室でしてあげられることをやり切っていない）。そうでないと、自信をもって学校に送り出せない」と思っていました。他の職員からは「あせっても仕方ない。待つことや」と言われていました。

幸い、お母さんのやる気に火が付き、智生君を変えていきました。ここからどんどん変わっていく智生君の姿が見られました。

(二)　智生君の変化

一二月には食事で、一人ですくうことが見られるようになりました。このころ智生君に対して職員みんなが伝え出していて、「手元を見る」「椅子をガタガタさせない」などを伝えていました。智生君は、そういう要求が強いと、それならご飯はいらないよ、とばかりに手を合わせていました。そういう時は、そこで終わりにしていました。私は、「智生君は家でお菓子を食べればいいや、と思っているんだろうなあ」と思っていました。

ある日のこと。ちょうどその日はお母さんが当番で教室に来ていました。弁当を食べなくなったので、お母さんに「今日は、家でのおやつも抜き」と頼みました。そしてこの日、お母さんはおやつを出さず、我慢させました。この日以降も、泣いてほしがっても、我慢させていたようです。このことを境に、教室の食事で、好きなものは一人ですくって食べるようになり、ほしいものが貰えなくても泣かなくなりました。

こんなこともありました。家で、壁に頭突きをして穴を開け、落ちた壁を食べて、お母さんにこっぴどく叱られました。その後、教室にお母さんが来ると、智生君がおびえていた日がありました。お母さんは、「最近のお母さんは怖いんだぞ」と智生君に言っていました。

このことがあって、職員が何かを言うと、言った人をじーっと見るようになったり、この人が何かを僕に伝えているぞというように、ハッとしたりするようになりました。「スプーンで」と言うとそうしたり、「ダメ」と言うと止まったり。「智生君、髪の毛切ってきたんか」と言うと頭を触ったり、手あそびで振りをつけることも増えたりしていきました。ようやく、家との足並みが揃えられるようになり、智生君がシャンとした感じになりました。

お母さんは「今だからできた。もっと前にやれと言われていたら、できなかった」というようなことを言っていました。

先輩の職員に「あせっても仕方ない。待つことや」と言われたことは、智生君だけでなく、お母さんに対してもそうだったということです。お母さんが家でやりはじめたら、智生君はどんどん変化していき、私があせっていたことは、しなくてもよかったことだったんだろうなあと思いました。九九年度は、智生君もお母さんも、状況も、ちょうどいい時期に来ていたのでしょう。機が熟して、智生君は今持てる自分の力を出して、智生君らしく過ごすようになりました。一方通行だった関係から相互通行になり、伝わらないという思いはなくなりました。

七、積極的受動性のこと

私は、「自分」を出し切れずにいる子や不安の強い子などが、どうしても気になります。そういう子には、自分から積極的に行ってしまいます。自分を出させてやろう、という態度に出てしまいやすいのです。さすがに今は意識してやっているので、態度には出しませんが、その後も何人もの子どもたちと出会い、この傾向と対面するようになりました。「積極的受動性」との遭遇です。前述した〈絶対的安心感・信頼感〉のところで感じたことが、積極的受動性です。私にはまだできていなかった付き合い方です。私の課題でした。

「積極的受動性」とは徳田さんの言葉で、子どもに対して積極的に気持ちを傾けつつ、こちらからの働きかけは控え、子どもからの動きがあった時に、適切にそれに応じるという在り方・関わり方を言います。とにかく温かく見守りながら、子どもからの動きを待つ、機を逃さない、大人や場所に安心感を持ってもらう、ということです。

二〇〇〇年頃、この「積極的受動性」のことをいやがおうにも感じさせる子が来ました。その子は、手や足に触られることをものすごく嫌がり、嬉しい声・嫌な声・泣き声も出すのですが、弱々しい。警戒した時は、目を閉じて外界を遮断。外からその子の心のドア（目）を開けることは、もう不可能でした。抱っこをすると、のけ反って暴れ、かえって不信を助長してしまいました。そんな時は離れて様子を見ていると、しばらくすると、そーっと目を開けていました。おもちゃに手を伸ばすことも、大人がそばにいるとしませんでした。一人にしておいたほうが手を出して遊びました。

私たちは、とにかく嫌がることは全くと言っていいほどせずに、その子が機嫌のいい時に抱っこして好きなことを一緒にしたり、遊びの時間は手が出るのを待つようにしたり、喜ぶことを存分にしたりしていきました。そうすると、半年ほどで声が大きくなり、うつ伏せをして周りを見るようになっていきました。気持ちも前向きになっているようでした。それからも私たちは、その子の嫌がることをせず、機嫌よく遊んでいる時にたくさん遊んでいきました。じっくり、ゆっくりと。

三年経った頃のことです。その子は音楽リズムが大好きになって、声が大きく出るようになっていて、静かにしている場面でも大きな声が出ていました。ある日の音楽リズムの時間にその子が、隣にいた私の手を握ってきました。静かにしている場面で、喜んで大きな声を出した時に、「シーッ」と私が自分の口に指を当てて見せると、その子は声を出さずに手足を振って喜んでいました。「伝わった」と思いました。この子に強く迫ることはしたくないと思って接してきましたが、こうやって聞いてもらえると、不思議な感じがしました。この人の言うことを聞いてみようかなと思ってもらえているのかなと、嬉しかったのです。

子どもに気持ちを向けていると、強い行動に出なくても伝わるのだな、と「積極的受動性」のことを少しわかった気がしました。この人のすることだったら何でもいい、と思ってもらうことや、たとえ私が強く「ダメなことはダメ」と伝えても、それがその子にとって「嫌なこと」にならないほどの関係、二人の心のつながりが切れないほどの関係がつくということは、幸せなことだなと思います。誰に対してもそれができるかというと難しいことですが、これからも考えていきたいと思ったことでした。少しずつ、子どもたちに私の「言葉」が届いていっている、と思えるようになっていきました。

八、とにかくそばにいる愛絆《あずな》ちゃん親子に寄り添う

（一）まずは関係を結ぶこと

二〇〇九年一一月、酒井さんが愛絆ちゃん（一歳八か月）を連れて見学にきました。見学に来た時は、愛絆ちゃんは横向きに寝転がって指吸いをしていました。人が近づくと目を閉じて、涙を流していました。彼女は小さい頃に、心臓の手術・気管切開・胃ろう・口唇裂の手術と、たくさんの手術を経験していました。幼い頃の点滴や手術などは、その子が生きるためには必要なことだけど、それが大人に対する不信感や警戒心を持たせてしまうこともあります。そこから回復していく子がひまわり教室には多くいますが、愛絆ちゃんもその一人でした。

愛絆ちゃんとつき合う中で思っていたことは、安心してもらおう、教室を「ここにいたい」と思えるようないい場所にしよう、触られても大丈夫だと思ってもらおう、大人への信頼感を持っ

てもらおう、ということでした。大人を好きになってもらうことで、耳が聞こえない愛絆ちゃんに、「(真似てもらうことで) 愛絆ちゃんにとっての言葉」を獲得してもらえるのでは、と思っていました。お母さんの面接は私がしていました。

年明けから、名前を呼ばれると照れるような、はにかむような表情をするようになりました。くすぐられて「クックッ」と笑うこともあり、指吸いをすることが減りました。大きな目で、こちらをまじまじと見るようにもなりました。一日を通してですが、寝転がって横向きになり、足で蹴って頭の方向に動き、微調整をしながら行きたい場所へ行っていました。

二〇一〇六月、「教室だより」に愛絆ちゃんのことを書きました。

愛絆ちゃんは二歳四か月です。気管切開をしているので、声を出す代わりに、顔の表情と体全体で感情を表現しています。最近は、感情表現が豊かで、気に食わないと、「すごく」怒り、嬉しいと「すごく」喜んでいます。行動範囲はどんどん広がっていき、遊戯室だけでなく、廊下へ出ていくようにもなりました。自分で動いておもしろそうなものに出会うのが嬉しくてたまらない愛絆ちゃん。パワー全開でした。だから、やりたいことを止められたり連れ戻されたりした時は、顔をくしゃくしゃにして、両手足をブンブン振って体をのけ反らせて「なんで邪魔するの！」と言っているように抗議をしていました。

ところが、七月のことでした。中頃から急に泣くことが多くなり、いろんなことに参加できなくなっていきました。通い始めてからとても順調に力をつけてきていたので、気になりました。お母さんから話を聞いて、その理由がわかりました。お母さんが、他の子のお母さんたちと話をしていて、「リハビリにも行ったらどうか」と言われ、連れて行ったそうです。その時に手を触られて、号泣していたと聞きました。何をしようとしても、泣いてできなかったそうです。

その数日後、心配をしていたお母さんと話をしました。私はその時、やっと私たちと関係がついてきたところだったこと、だからまだ教室では「何かをさせる」ことをしていないことを伝えました。これだけ崩れたから、しばらくいろんな場所へ行くのはやめて、数室でゆっくりじっくり力をつけていきませんか、と私は言いました。

数室では誰とでもニコニコとやっていた愛絆ちゃんでしたが、また嫌なことをされてしまい、不信感のかたまりになってしまいました。ずっとべそをかいていて、目をつむり、指吸いをしていました。体を縦にせず、寝転がったままでした。私たちはその寝た姿勢の背中をさすり、それで一日が過ぎました。この時は主に私が気にかけました。彼女は、二か月間落ち込んでいました。

九月に風邪をこじらせ一週間入院。退院してくると急に気持ちも回復し、元気になりました。

一二月には、できることがどんどん増えていきました。つかまり立ちをし、脇を支えて歩かせると少し歩くようにもなりました。他にも、「絵文字積木の裏表を見比べる」「小さい積木を二個積む」「積木を二つ両手に持ち、くるくる回したり打ち合わせたりする」「マジックで、紙いっぱいにぐるぐる線を描く」「磁石のお絵描きボードに描いて、自分で消す」など、よく遊ぶようになっていきました。職員に手を持ってもらい、手遊びをすることもできました。また人の真似をするようにもなっていきました。

二〇一一年四月から靴を履くように伝えました。履かせると、泣いて怒って、「脱がせて！」と職員の手を靴のほうに持っていく愛絆ちゃんを、「まあまあ」と諭しながら、履かせ続けていきました。一か月後には喜んで履くようになりました。こちらから要求を出せるようになってきたのは、愛絆ちゃんが強くなってきたからです。大人との安心感や信頼感がベースとなり、関係は子どもにも広がっていきました。ある子には腕枕をしてもらう。またある子には髪をなでる。他の子には膝に座らせてもらい、顔を触ったり首にしているハンカチで「いないいないばあ」をしたりする。まぢかで見つめ合い、おでこをゴチンさせて、二人でおでこをなでて笑っていたこともありました。寝ている子の体の上に転がって乗り上がったりもしていました。また、公園で遊ぶ子どもたちのそばへ行きたがったりしていたのもこの頃です。

(二)　真似をすることがどんどん増える、手話の単語を伝える

この年の秋頃、愛絆ちゃんは教室の中で、さらに力をつけていきました。

あいさつの時の手あそびを楽しそうに見ていて、拍手をしたり、顔や体を触ったりして何となく振り付けをしている姿も見られました。自分から「くるくるポン」をして、うれしそうにして

いる日もありました。大人と一緒に手を動かすことも楽しんでいました。

スプーンよりも箸を持ちたがったり、お母さんの真似をしてすりばちを持って容器のお弁当をすりつぶす真似をしたりしていました。よく見て学んでいるようでした。

自分から出る手話の単語は、「バイバイ」「おやすみ」「おいしい」「ちょうだい」「おしまい」「ママ」など、増えていきました。他の手話も、して見せると何となく分かってきている様子がありました。

こちらの要求を受け入れてきていて、したいことがあっても「今はダメ（指で×を作る）」と言われるとあきらめていました。また、×だけでなく、同時に手話で「おしまい（手をすぼめる）」と伝えていくと、「おしまい」の手話が理解できたようです。手話で「言葉」を使えるようになると、無駄に泣くことがなくなりました。

「おしまい」の手話の後に「片付け（手をはたく）」の手話も付けたところ、すぐに覚え、伝えると、すぐに片付けるようになりました。私たちは、「愛」という手話単語（両手でハートを作る）で名前を呼んだり、「あずなちゃん」と、指文字で呼んだりもしました。最初は何を伝えられているのか分らない様子でしたが、一二月に、初めて自分からもハートを作りました。家ではおばあちゃんがいろいろさせているようで、投げキッスをするようになりました。投げキッスがおばあちゃんのマークのようになっていました。

この時期がいちばん安定していて、一一月の「まとめ」には、「今が大切な変化の時である。

今まではじーっと見ているだけだったが、その蓄積が今花開いているように、いろんなことに対して理解が深まってきている。相手が何を自分に伝えたがっているかということも理解している。『手話』に意味があるとわかっていったり、今はこれをする時間だと理解して動いたり、予想して動いたりできるようになっている」と書きました。

そばにいる私たちを信頼してもらうこと、好きになってもらうことが、愛絆ちゃんが周りの物事を受け入れていく時にとても大切だと思いながらやってきました。愛絆ちゃんは周りの人に安心感を持ち、触られても平気になり、そしてどんどん自分の世界を広げていきました。嫌なことには泣き、へこむ時には指吸いをし、うれしい時には手を叩いて喜びました。抱っこして欲しい時は両手を広げ、こちらの首にしがみつき、とても幸せそうな顔をしました。こちらもその気持ちをいっぱい、いっぱいもらっていました。二〇一二年四月には、いろいろとありましたが、地域の学校へ入学していきました（詳しくは藤本さんの文章を読んでください）。

愛絆ちゃんの小学校に、私も（ヘルパーステーションの人と混じって）昼食時の注入の介助に行くこともあり、学校での様子を見る機会もありました。愛絆ちゃんが二年生になった年にヘルパーが愛絆ちゃんの食事介助に入るようになりました。愛絆ちゃんが私の家に泊まりに来て、一緒に銭湯に出かけることもありました。

その後、愛絆ちゃんは何かと気持ちが乱れて、自傷行為をすることもあるようですが、お母さんは「愛絆のお母さん」として踏ん張り続けています。今でも、「どうしても」の時に連絡が入ります。中学生の時にも連絡が入りました。「教室へ来てもいいよ」と言うと、「愛絆が大変な時にいつも他の人を頼っていると、愛絆から、『お母さんはまた自分から逃げた』と思われるから、母として頑張りたい。どうしても無理な時に頼る」と言いました。「そうだな」と思うと同時に「強いな」とも思いました。私は何ができるというわけでもなく、ただ近くにいることしかできませんが、何もできなくてもそばにいることはできるので、そうしようと思います。

九、終わりに

(一) 教室が大事にしていることを体に沁み込ます

これまでに書いてきた九八年あたりは、「言葉が届かないな」という思いと「届き始めたな」という思いとが、入り混じっていた時期でした。最初に書いたように、目の前の子どもに「あなたは今のままで十分」「あなたはいい子だ」と、言えることはすごいことです。当時の私は、ひまわり教室はそれをやっていてすごい、と思っていました。私もやれていたと思っていたのですが、智生君のレポートを振り返ると、当時の私はできていませんでした。私は智生君にその言葉を数年間言えませんでした。智生君の場合はそれだけではありませんが、当時の私は「条件有りの受容」だったと思います。

若い頃は「やってみる?」と言われたことは何でもしていました。私が金沢の教室に来てから、わけの分からないままに面接の場面でお母さんの話を聴くことになりました。当時のお母さんたちには申しわけないこともあったのですが、「勉強させてください」とお願いしての面接でした。「障害児の親でもない人に、障害児の親の気持ちはわからん」と言われ、落ち込んだこともあります。その時徳田さんに「分かろうとすることはできる」と言われ、とにかく何があってもそばにいて、一緒に考えさせてもらうことはできるからと、どうにか今まで続けています。

また、最近よく言われるようになった「共に生き共に育つ」という考え方も、以前から教室で言われていたので、自然と入ってきました。教室に通っていた子たちが地域の学校へ入る際、お母さんの付き添いが条件とされる時期がありました。その付き添いを、お母さんに代わってしたり、修学旅行や合宿の付き添いに行ったりしていました（こんな時は有休をとって行っていました）。そうしながら「共に育つ教育」を求めるお父さん、お母さんを応援してきました。

バザーなどでお世話になっていた魚河岸の社長さんが、「新人の時は、やっていることは『作業』なんだ。自分なりの視点が持てて、付加価値が出て初めて『仕事』になる」と言っていました。教室での仕事や面接のことも同じだと思います。

積極的受動性のことや、子どもたちに好きになってもらい、信頼してもらうことや、お母さんたちのそばにいることや、地域で生きることなど、この時にいろいろと考えたことや感じていたことが、現在の私の基礎になっています。

（二）　環境を整える

ひまわり教室でやっていることは「保育」です。私が勤めだして数年後、「療育」という言い方から「保育」に変わりました。ミーティングで話し合い、決まりました。とても大事なことだったなと思います。教室は「子どもたちがその時の自分を受け止めてもらい、安心できる人たちの中で、自分らしく育っていく」、その手伝いをしています。子どもは一人の個として尊重され、受容され、認められる。その時の持てる力を発揮して、自我が育ち、自分らしく生きていきます。その育ちの手助けは保育そのものです。特別に療育と言う言葉を使う必要がありません。安心できる関係の中で自分らしく生きていける。これは、子どもたちだけでなく、お母さんたちにとっても、職員にとっても言えることだなと思います。それをできる自分にならなくては、と思います。

教室では一人ひとりの子どもたちの「今」を見つめ、「何が今、必要か」を話し合って、準備し、付き合っています。読み間違えた時には見直して、もう一度やります。一対一で関わることが必要な時には何か月でもそうします。育ちの種は子どもたちの中にあり、どう育っていくかの手立ても子どもの中にあります。もちろん周りの関わりはとても重要です。なので、教室では話し合いをとても大切にしています。話し合うことは、子どもたちとやっていくときに欠かせないことです。みんなで話すことで見えてくることもあります。そうやって、子どもが育つための大事な環境を整えるだけで、子どもたちは自分の今持っている力を精一杯出して育っていきます。

時々、私が「いいなあ」と思いながら子どもたちが遊ぶ様子を見ている時に、その子たちとふと目が合うことがあります。子どもたちがはにかんだ笑みを見せ、また遊びに戻ります。そういう姿を見ていると、温かな眼差しがあるだけでもこの子たちは育っていけるんだろうなあ、と思います。

私は、ここ二、三年ですが、こども園や幼稚園、学校を訪問することが増えました。こども園では「ひまわり教室がやっていることは保育です。教室で子どもたちとやっていることを、保育所や幼稚園でもやる、それを当たり前の保育と言いたい」と言っています。繰り返しになりますが、ひまわり教室ではどの子もその時の自分を受け止めてもらい、安心できる人たちの中で、自分らしく育っていきます。それは、こども園や幼稚園で子どもたちが育っていく姿と同じです。その子に必要なことは毎日やることが大事だし、その子だけでなく、周りの大人たちや子どもたちも一緒に変わっていくことがとても大事だと思っています。

(三)　言葉を大事に使うこと

私にとって、ひまわり教室のいちばんの教えは、「嘘のない言葉を使うこと」です。それを身につける道のりは信頼を得るための、大切な、長い時間をかけた財産作りのような感じでした。

私は、教室に来るまでの生活の中で、社交辞令を言ったり、素直に謝れなかったり、聞いて「エッ」と思っても聞き流したり、嘘をついたり（大丈夫でなくても「大丈夫」と言ったり、「する」と言ってしなかったりということも含めて）してきました。それが悪いと思っていても、深く気にしない、という生活をしてきました。でも教室では、そういう言葉がだんだんと使えなくなっていきました。今までの生活で使っていた言葉とは、同じ日本語なのにまるで違うようでした。それまでなんと無頓着に、なんとずさんな言葉を使っていたのだろう、と恥ずかしくなりました。

子どもの「まとめ（支援計画）」を書く時に子どものことをマイナスに表記をしないこと。思ったことは陰口で済まさず本人に言うことや自分のことを棚上げしないで語る（言う前に自分を振り返る）こと。言ったことと行いを一致させること……などなど。そうした言葉が教室の隅々にまで転がっているように、普通にあるからこそ、そういうことを感じたのだと思います。

ひまわり教室での日々を送る中で、その時々の自分の中にある感情・考えが、どの言葉を使えばピッタリくるのかをよく考えるようになりました。「嘘のない言葉」を使おうと心掛けました。そういうことを考えて言葉を使うようになると、子どもたちとの関係が深まった気がします。私から発せられる言葉は必ず遂行されるので、子どもの信頼感が上がるようです。このことは、最近特に感じるようになりました。

禁止の言葉も、子どもに届くようになりました。教室では、子どもたちにかなり寛容な一方で、「ダメなことはダメだ」と伝えます。私は、誰よりも厳しいと思います。その時に私は、「積極的受動性」のところで書いたことを、気をつけています。子どもは、私の言うことに耳を傾けてくれます。約束を守ろうとしてくれます。「この人の言うことだったら受け入れよう」と思ってもらうこと、私が「ダメなことはダメ」を強く伝えた時にも、それで子どもとの関係が切れてしまわないほどの関係がついているということは、幸せなことだなと思います。誰に対してもそれができるかというと難しいことですが。今は、以前よりは自分の声がどの子にも届くようになったかな、と思えることが多く、嬉しく思っています。「声が届かないな」と悩んでいた頃から、約三〇年が経ちました。そう簡単に会得できることではないなあと実感します。まだまだ、これからも道は続きます。

四一年の間に、いろんな子どもたち、大人たちに出会いました。自分との出会いもありました。その時々にできることしかできていませんが、その一つひとつが大事な出会いでした。これからも出会い（学び）は続くことでしょう。その出会いを大切にしてやっていこうと思っています。

共に歩んできた道のり

三嶋亜妃《あき》

一、ひまわり教室との出会い

この本を綴られる方々のなかでは新米ですが、私がひまわり教室と出会ってからもうすぐ二五年になります。きっかけは、職業体験をしようと思い、ボランティアセンターで子どもと関わるボランティアを探していて、紹介されたのがひまわり教室でした。大学四年生の時にボランティアを始めて、そのままご縁で卒業と同時に就職することになり、現在に至っています。

何も知らず分からずひまわり教室に飛び込んだ私にとって、子どもたちはかわいくて一人ひとりが特別なプレゼントのような存在でした。そして当時ひまわり教室の子どもたちと関わる中で、すでに思っていたことは、障害があるとか病気があるということは関係なく、そもそも一人ひとり違うのだから、その子がどんな子なのかを知りたいということでした。それはたぶん、ひまわり教室がそういう場所だったからだと思います。

そして働き始めてから、障害のある子どもが地域の保育所や小学校に入ることがとても難しく、高い壁が立ちはだかっていることが分かりました。私は子どもたちの入所を断わる保育所や、親の希望を聞いても特別支援学校を勧める教育委員会の人たちの考え方が理解できないというふうに感じていました。ひまわり教室で感じていることはそんなに特異なことなのか、社会一般とはそんなにかけ離れているのか。じゃあ自分はどうなのか、自分自身の言葉としてどう考え、どう話していくのか、悩み続けていました。

二、ありのままの自分を受け入れてくれた子どもたち

だんだんと周りの状況や、学校を取り巻く日本の教育事情などを理解していくのですが、そんなことは子どもたちにとってはなんの関係もないことで、それぞれの子どもたちはひまわり教室で個性を花開かせ、『大人の言うことなんか簡単に聞かないぞ、これがぼくだ、私なんだ』と体当たりで表しているような日々でした。そんなパワフルな子どもたちと向き合うことは、自分自身を試されることでもあり、自分自身と深く向き合うことでした。先輩職員とは昼ご飯を当たり前に食べているのに、私がお手伝いすると口を閉じてそっぽを向く子ども、他の職員と楽しく手

をつないで歩いているのに、私が手をつなぐと『もう歩けないよ～』と泣いて抱っこを求める子ども、私だと何もうまくいかない、苦しく悲しい、そんなこともたくさんありました。子どもたちの前では何も取り繕うことなどできず、オロオロしていても子どもたちが気を遣ってくれるわけもなく、自分自身をしっかりと持って本気で伝えること、関わること、で勝負するしかありませんでした。そんな感情のぶつかり合いを経ていくうち、だんだんそれが、「ありのままの自分で通じ合える」という喜びになりました。

ひまわり教室の子どもは、言葉のない子どもたちが多いのですが、言いたいことや、好きなこと、いやなことは、はっきりと意思表示してくれます。声の出し方、表情、目の動きなどで、とても豊かに思いを表現してくれます。ありのままの自分で、言葉のない子どもたちと遊び、その子どもの世界に入れてもらえた時、笑い合い、心が通じ合う喜びをたくさんたくさん感じられるようになりました。

その中でもいちばん印象的だったのが、私が精神的にも身体的にも体調不良になり、休職するしかなくなった時期のことです。その日は休職中でしたが、徳田さんと話をするためにひまわり教室の廊下を歩いていました。その時は「音楽リズム遊び」の終わり頃でしたが、自分がその輪の中に入らずに廊下にいることが悲しく、不登校の子どものような居場所のない気持ちでした。そんな気持ちを知ってか知らずか、遊びの終わった一人の子どもが尻這《しりば》いで廊下に出てきました。私を見るとその女の子は、いつものように『だっこしてー』と両手を私に差し伸べてくれました。

その時私はその子を抱っこしながら、逆にその子にぎゅっと抱きしめられて『そのままでいいんだよ』と言ってもらった気がしました。涙が出ました。思い出すと今でも泣いてしまいます。子どもたちに受け入れてもらえて、私のほうが救われているんだ、と改めて思いました。

私の仕事を大変だとか、この仕事をしていることで思いやりがあるとかいう人たちもいますが、実際に子どもたちに出会えば、そんなことは思わないはずです。ひまわり教室では毎年実習生の受け入れをしていますが、多かれ少なかれ実習生の皆さんは同じ感想を持っています。はじめは、「お世話してあげないといけない、とかどんなふうに関わればいいのか不安ばかりだったけれど、遊んでいる時に笑ってくれて本当にうれしくてかわいかった」「抱っこして、と膝にのってくれて、笑顔を見せてくれて、私のほうが笑顔をもらえました、本当にありがとう」というように気持ちが変わっていきます。それが子どもたちの持っている力だと思います。

三、聴くことと、聴いてもらうこと

ひまわり教室では、お父さん・お母さんとの「相談」の時間を大切にしています。ひまわり教室には一人ひとりの保護者ごとに毎月「相談日」があり、主にお母さんに来てもらっています。保育に参加してもらいながら教室にいる子どもたちみんなの様子を見てもらい、食器洗いや掃除など手伝いもしてもらいながら、担当の職員と相談室で話をしています。

私はこれまで「相談」の担当を何回かやってきましたが、それ以前に、私が徳田さんにたくさん話を聴いてもらってきました。しんどい思い、苦しい思いをたくさん抱えて、相談してばかり、話を聴いてもらってばかりの私が、はたして他人の話を聴く側ができるのかどうか、勉強をしても不安ばかりでしたが、「自分がたくさん聴いてもらう経験をしてきた人が、聴く人になれる」という徳田さんの言葉に後押しされて、何人かのお母さんの相談を担当し、大切なつながりができました。そして「話を聴いてもらうということ」は「自分は大事にされていると感じること」と同じだと分かりました。ひまわり教室だよりの三三八号の中で徳田さんが「自分は大事にされていると感じるということは」として書いている

・一人の人間として尊重されている
・受け容れてもらえている
・理解してもらえている
・信じてもらえている
・安心して、弱い面やダメな面を出せる
・必要な時支えてもらえている
・寄り添ってもらえている
・自分らしくおれる

以上、すべてが話を聴いてもらって感じることとです。そしてそれを感じてもらえるように、相談担当になったお母さんとのつながりを大切にしてきましたし、相談担当になった子どものことについて、その子の将来、家族と暮らすこれからをお母さんと一緒に考え、悩み続けてきました。

ひまわり教室では、子どもを大切にしているのと同じように、お父さんお母さんのことも大切に考えています。また、相談室では子どもの話が一切出ないこともあります。お母さんがこれまで生きてきた中で培ってきた考え方が、今の生活・子育てに反映されているのですから、その背景を聞かせてもらって初めて、お母さんが感じている思いが理解できることもある、と思います。そんなことも相談を通して感じていました。そして、全員にできたとは思えませんが、できるだけお母さんの思いに寄り添っていこうとしてきました。実際に何人かのお母さんの思いを文集『みちのり』やお手紙などで見たときに、「寄り添ってもらってありがとうございました」という文章を見て『よかった、ちゃんと伝わっていた』と本当にホッとしました。

自分の人生の中で大きな変化として、母親になったことも話を聴く上で共感・理解を深める助けになりました。お母さん方と共感しあったことととして、母親は、二四時間営業三六五日休みなしの仕事だね、というものがあります。また、ひまわりではチームで動いているので、一人ではどうしようもない状況になっても「誰か来てー」と言えばみんなが助けてくれますが、家の中では、当時二歳の息子がパンツにおもらしをした時に、右手にうんちの付いたパンツを持ち、左手におしりの汚れた息子の手をつかんで「どうしよう」と途方に暮れた経験などから、一人だけでは気持ちの余裕がすぐになくなってしまうことがよく分かりました。

四、食べることと医療的ケアのこと

ひまわり教室では、医療的ケアのある子どもたちともたくさん関わってきました。その中の一つに「胃ろうによる栄養・ミルクの注入」があります。胃ろうで栄養を摂っている子どもたちにも、口から食べること、いろんな味を味わうことの楽しみを知って欲しいと思い、これまで取り組んできました。その結果、胃ろうから栄養を摂りつつも口から好きなものを数口食べることを両立する子どもや、食べることが上手になり、完全に胃ろうを使わなくなった子どももいます。子どもが食べることの楽しさを知り、おいしいという気持ちを知って、食べられる物の幅が広がり、そしてその子の世界が広がっていく様子は素晴らしいものです。また、たとえ胃ろうがメインであっても、ラコールやエレンタールなどの栄養ドリンクだけでなく、ミキサーしたおかゆや野菜、果物などを注入することにも意味がある、とも思いながら取り組んでいます。その子の胃が、いろんな食べ物を経験することにも意味がある、と今回の能登地震のように道路が寸断されて食料に限りがあるような状況を考えると特に思います。以前から思っていましたが、今回さらに強く感じることになりました。

そしてもう一つ、そう思った出来事がありました。それは、闘病生活を送りながらひまわり教室に通っていた女の子が六歳で亡くなったときのことです。当時私は、亡くなった知らせを聞いて、その子に会いにお家に行きました。お母さんが最後の様子を話してくれました。痛くて辛いことがたくさんあったのに、好きなテレビを見せてと言ったり、ドライブに行こうと言って気を紛らわしてくれて、文句や泣き言を言わない強くて優しい子だったこと、お母さんたち家族のことを最後まで気遣っていたこと、最後は意識もなくなり、寝たきり状態で食事も胃ろうになったけれど、亡くなる少し前に好きな甘いココアを温めて注入してあげて、体が温まっておいしい記憶や楽しい記憶を感じてくれるといいなあと思ったこと、などを話してくれました。それを聞いて私は、お母さんはそんなふうに思いながら胃ろうの注入をしたんだな、と心に深く刺さりました。ずっと忘れられない言葉です。胃ろうに注入するから、口から食べるわけではないから何でもいい、わけではない。体から心に信号が送られることだってあると思います。何を食べるか、と同じように何を注入するかも大切だと思います。

五、交流

今年度は、コロナも落ち着いて近くの園へ四年ぶりに交流に行くことになりました。私自身、超久しぶりの交流で、とても緊張していました。実際に行ってみると、三歳児クラスの子どもたちはみんなとてもかわいくて、たくさんお話してくれて、耳が二つでは足りないくらいで、楽しく過ごさせてもらっています。一緒に行っている葉琉《はる》くんは、発作があるため薬を飲んでいて断続的に眠くなるのですが、初めの数か月はわざとかと思うくらい交流中全く起きなかったのが、だんだん起きて過ごせるようになり、笑顔を見せてくれたり、先生方の声やお友だちの声に「ウーン」と答えるようにおしゃべりしてくれるようになったりと、とてもうれしいです。葉琉くんは子ども園のお友だちがみんなでひまわりに遊びに来る日は、毎回うれしそうに起きて過ごしています。また、交流中に起きている時間が短かった日でも、夜お家での様子がいつもとは違うようで、ニコニコ機嫌よく声を出してお母さんにおしゃべりしていたとのことでした。「今日楽しかったよー」とお話ししてくれていましたと、お母さんも喜んでくれていました。葉琉くんの中にお友だちの声がちゃんと届いているなと感じて、私もとても力になりました。

子どもたちも慣れていて、葉琉くんが寝ていても全く気にせず「はい、ジュース」とままごと遊びでコップを葉琉くんの口にぐいぐい押し付けて飲ませてくれたり、手作りの紙のメガネを「これわたしの水色メガネ」と顔にピッタリはりつけてくれたりします。一人で寝転んでいる葉琉くんとそっと手をつないでいたり、外で拾ったきれいな葉っぱを体の上にたくさんのせて、プレゼントしてくれていたりします。ランチの時間は、ミキサー食の葉琉くんのお弁当のメニューにいつも興味津々の子どもたち。お母さんが書いてくれているメニューを発表した後は、順番においしいにおいを嗅いでみて、それからお祈りといただきますの挨拶が始まります。先生方もよく考えてくださり、名前呼びの時に返事してから葉琉くんにタッチするようにしてくれたり、クッキー作りの日には、牛乳アレルギーの葉琉くんのために、アレルギー対応クッキー生地を用意して待っていてくれたりしました。

そんな今を楽しむ一方で、「交流」というもののさみしさも感じています。「交流」というのは、分けられている現状の中から出来ているもので、すぐに入所・入園できるなら交流しなくて良いわけです。葉琉くんのことをよく分かっている大人がいれば、今過ごしているように子どもも園に毎日通うことができる、そう考えるとさみしくなります。京都で医療的ケア児の通う子ども園を見学してきたときは、看護師さんと担任の先生、園長先生の連携プレーにより、毎日当たり前にお友だちと過ごしている呼吸器をつけた男の子の姿がありました。毎日を過ごすなかで、その子が一緒にやることが難しい場面があると、看護師さんと担任の先生、そしてお友だちが一緒になって考え合うのです。そしてクラスの先生だけでなく、園全体で医療的ケアのことを勉強していました。とてもいいなあと思いました。医療的ケアの子どもの入園に向けては、金沢市も動いていますが、いろんな意味で今はこれが現実なんだなということを「交流」は感じさせてくれます。ひまわり教室の中だけにいては実感できないことです。

六、日々新しい子どもたち

子どもたちと付き合っていると、毎日が当たり前とか同じということは全くなく、新鮮でかけがえのないものだと感じられます。子どもたちの心と体の成長もありますが、私とその子の関係も、日々変わっていくものだと感じています。そしていつかは、子どもたちは子ども園や小学校へと旅立っていきます。それまでの時間を一緒に過ごせること、いろんな経験を一緒に楽しみ、たくさん感情を動かしていくことが、とても貴重で大切なことだと思います。一日一日を大切に子どもと付き合っていくこと、これはひまわり教室の事務室にかかっている写真の子どもたちがいつも教えてくれています。その子どもたちは、ひまわり教室の在籍中に、病気により幼くして亡くなった子どもたちです。その子たちの写真を見るたびに、「今を大切にして、今いる子どもたちとの関わりを大切にしていくね」と思います。写真の子どもたちの命は短かったので、そのこと自体はとてもさみしく思いますが、出会えたことに感謝し、その子たちが見守ってくれていると思いながら保育をしています。現在ひまわり教室に通う子どものお母さんが、私が事務室の写真の子どもたちのことを説明した時「(命は短かったかもしれないけれど)子どもたち、ひまわり教室に通えて良かったんじゃないですか。良かったと思います」と言ってくださいました。本当にそうだったらいいな、と思います。

誰にでも開かれた場所、誰も断らない場所として、出会う子ども・大人に「みんなおいで」と言いながら、これからもひまわり教室での活動を大切にしていきたいです。

ひまわりに入って

米山　豊

一、「ひまわり教室」に入って

私は大学を卒業後、地元金沢の百貨店で六年間勤め、その後「ひまわり教室」に勤めました。一九七九年のことです。

徳田さんから、「今度松任に教室を開くけど、一緒に働かないか」と誘われたのは、「ひまわり教室」にボランティアで関わり、半年ほどを経た十二月でした。二八歳でした。

これからどうして生きていこうかと悩んでいた矢先でしたので、渡りに舟と「よろしくお願いします」と言いました。助けてもらったと今でも思っています。

当時、百貨店は売り上げ絶好調で給与や労働環境も良く、しかもいた部署が経営企画室でしたので、私が辞めるというと、会社からは「何で」と思われましたが、友人や家族からの反対はありませんでした。私の働いている姿は「大丈夫かな、続くかなぁ」と、見られていたようでした。「ひまわり教室」と出会い、徳田さんと出会い、障害ある子どもや人と関わって、すでに四六年を経ました。

「もしも」はありませんが、百貨店を辞めた決断は間違いじゃありませんでした。

私は京都で学生時代を過ごし、クラブの子ども会活動で東九条の朝鮮人家族や子ども、貧しい生活を何とかしようとしている人などを知っていました。被差別部落の問題については、被差別部落出身の後輩もおり、知らなかった現実社会を見せられ、驚いていた時期もありました。

初めて東九条の川べりのバラック地帯を歩いた時の感覚。地面に足がついていても浮いた感覚。その日の自分の姿が、いまでも私の原風景としてあります。

知らない世界はたくさんあります。障害児・者、家族の置かれている現実も私の知らない世界でした。学生時代に戻ったようで、「ひまわり教室」の活動は新鮮でした。

私が「ひまわり教室」に入った時、スタッフは全員二〇代、三〇代前半でした。若い集団でした。

よく話をし、学習会もよくしました。レポートも次々と出ていました。土曜日はいつも九時から一七時頃まで、話し合いをしていたように思います。

二、ひまわり教室の中で

〈後悔として、残っていること〉

子どもたちはみんなかわいかったです。ただなぜその子がそんな動き方をするのか、私にはよくわからないことが多かった。

私は何とかしたいという情熱と、こうすれば子どもにとって良い経験となるはずだとの思い込みで、無理強《むりじ》いをしました。もっと違う接し方があったはずで、申し訳ないです。

歩かなければ「頑張れ」と言い、食べなければ食べるまでにらめっこをし、水が怖いなら一緒にまた水の中に入ろうと、一歩間違えば虐待と思われることをしていました。一生懸命さだけが、取り柄のような関わりでした。

いまでも当時関わった子どもをよく思い出しますが、思い出す子の多くは私が戸惑った子どもばかりです。

今出会えればまず謝り、「あの時の米山は、何で君がそんなことするか、わからんかった。でも君のこと好きだったし、もっと抱きしめ、一緒にゆっくり考えればよかった」と言いたい。

〈家族の会や家庭訪問に出かけて〉

日々関わっている子どものことを知りたく、自宅ではどう過ごしているんだろうと、家庭訪問によく出かけました。

家族は子どもの「ひまわり教室」での姿を知りたいと思っていましたし、これから一緒に生きていく我が子へのアドバイスも欲しいと考えていた人も多く、たいていは歓待されましたが、なかには迷惑な思いを持った家族もいたと思います。

当時から「ひまわり教室」では、学校では障害ある子も地域でみんなと一緒に過ごすほうが良いという考えでした。

ほとんどの家族は学校に上がる時に悩んでいました。普通学級に進学させるか、養護学校（現在の特別支援学校）にするか、それとも入学時に寄宿舎や施設に入所させるか。

現在より障害者への差別や偏見があり、障害ある人や家族には生きづらい社会でした。

ある時、小学校入学時に施設入所させることを選ぼうとしていた家族のアパートに、最後の説得をしようと徳田さんと訪ねました。

いろんな話をしたのですが、施設入所を翻すことはできませんでした。アパートを辞した後、寒風の中、徳田さんが「家族が選ぶことだし……」と、つぶやいたことを思い出します。時おりどうしているのかなぁと、その子が小さい姿のまま、よみがえります。


〈家庭訪問で、私は〉

家庭訪問で私は「どうしたらいいと思う?」と求められ、言葉に詰まることが何度となくありました。

　あの当時、私は重く抱えきれない家族の思いや願いを自分で切り捨てることもできず、だからと言って受け止め一緒に歩むと宣言することもできず、でも周りにはかっこよく「共に生きよう」と言っていたのではないかと思います。内実のない「共に生きる」でした。

　それでも家庭訪問を続けていたのは、現実と自分の生活を何とかしてつなげ、できるだけ矛盾しない生き方を見つけたかったからではないかと思います。


〈ある家族と〉


「ひまわり教室」で五年を経た頃に、祖父と祖母、お母さんと子どもの四人家族の家を訪問したことがあります。家族は小学校をどこにしようか、悩んでいる最中でした。

　奥の畳の部屋に通されましたが、襖には幾つも補修の紙が貼ってありました。座卓の上には私たちのために、山のように饅頭が乗っていました。

　話をする傍を私たちの訪問がうれしいのか、かごにブロックを入れ、祖父の背中を叩き、子どもは笑いながら走り回っていました。時おりその動きを叱りながら、愛おしそうに子どもを見る祖母とお母さんの姿。

「先生、こんな子、学校行けるかねぇ」と、祖母はため息をもらすように私に問います。私には忘れられない言葉と家庭訪問になりました。

この家族はその後、迷いに迷い地域の小学校の障害児学級を選び、家族は六年間、三十分以上かかる道を付き添い、それに支えられて子どもは通学しました。

障害児学級のある中学校は自宅から車で二十分以上離れていました。家族は誰も車の免許を取得していません。ただ誰の目にも、家族が子どもと一緒に住みたいと思っていることが見えていました。

私もその一人でしたが、子どもが小学校の頃、その都度、家族の相談にのっていたため、私はその子の中学進学に対しては、重い荷を一身に背負ったように感じていました。身動きが取れなくなり、「松任・石川つながりの会」（現在の「白山・野々市つながりの会」）の会合で相談しました。

その時、徳田さんから、

「家族での送り迎えが大変だというなら、やれる人達でやればよい。家族の気持ちの負担になるようだと難しいけど」

と、話が出ました。目からうろこでした。

私はじつにたくさんのものをこの家族からいただきましたが、一人でなくお互いの力を少しずつ出し合えばやれることが広がる、との思いもその一つでした。支えたいとの思いをもつ人達が、それぞれ少しずつ力を出し合えば良いのです。

その子の中学校卒業までの三年間、私がシフトを組み、「ひまわり教室」のスタッフや学校の先生、会員のお母さんなど十四人ほどで、自宅から学校までの送迎を行いました。

「この家はこの子を中心に動いている。こんなに大事にされ、愛されている子を大事にしない社会はおかしい」との思いが、支えていたみんなにあったから続けることができたことでした。

〈家族の会に出る〉

「金沢つながりの会」や「松任・石川つながりの会」の会合にもよく出かけました。学校などで差別を受けた辛さ、先生と子どもを巡っての軋轢、障害ある子とのしんどい日々……、重い話もよくありました。すぐには解決できない話がほとんどでした。

私は会合に出るまでは「出なければ」と、やや義務感で出席することも多かったのですが、出席した後は何かしらの明るさと力をもらっていました。あれは何だったんだろうと、思います。しんどさを共有する力とでもいえばいいのでしょうか。

「松任・石川つながりの会」では、ほとんど徳田さんが司会をしていました。いつも丁寧な聞き方でした。語るその人を尊重しながら無理強《むりじ》いせずに聞いていく。そして解決の糸口を一緒に考えるのです。

側《そば》で話を聞いているのに私は緊張が続かず、ぼぉっとして別のことを考えてしまったりする時がありました。はっとして聞き耳を立てるのですが、その間も徳田さんは真摯に話を聞いているのです。真似ができませんでした。

私は、この会合で知らず知らずのうちに、人の話を聞く姿勢を学んでいったように思います。

そして生きる力をもらっていました。

〈面接で〉

「ひまわり教室」では、通っているお母さんと子どものことを中心に話を聞くことをしていました。面接です。

通っている子どものことばかりではなく、お母さんの様々な話を聴くことを大事にしていました。徳田さんが主に面接を担っていましたが、少しずつ他のスタッフも関わるようになり、私も何人かのお母さんと面接の場をもたせてもらいました。今でも、過去に面接を担当したお母さんたちの顔がすぐに浮かんで来ます。

面接はなかなか大変でした。カウンセリングの勉強会に参加したり、心理学の本をかじったりしてはいましたが、話を聴くことの素人の私が行うのですから、今思えばよくこんな無謀なことを、他のスタッフは私に許したものだと思います。若く未熟だった自分を思うばかりです。

面接では時として沈黙が続き、深い話に行き着くことがありました。私は沈黙や深い話に耐えきれず、その場をごまかすことが多かったです。

話を引き受けられない自分がいて、一緒に考え進んでいく姿勢には程遠かったです。人の話を聴くには、人としての広さや深さが必要です。

「ひまわり教室」での面接の経験は、人の話を聴くことのしんどさ、人を受け止めることの難しさを知ることになり、そうでない自分を見つめることにもなりました。

面接でのお母さんたちとの濃密な時間の経験は、その後の自分の糧となりました。

〈ヒマラヤに行く〉

私は「ひまわり教室」で働いていた時に、長い休みを二回もらっています。一回目は三八歳の時でした。子どもの人数が少ない時で、多少とも教室では余裕があったからなのか、私が休みたいと駄々をこねたからなのか…、きっと後者だったと思います。一か月、休みをもらいました。

インドまでの往復の飛行機だけを予約し、現地で一か月のレールパスを取得し、一人で北部ラダックや仏跡を中心に貧乏旅行をしました。

インドの服を着てリュックを担ぎ、ひげもそらず歩きました。インドは広く、自然は過酷でした。お釈迦さんはここで、人はみな平等との悟りを開いたんだと、勝手に解釈して帰国しました。

二回目は四二歳の時です。この時は「松任ひまわり教室」で働いていました。所属していた山岳会の上部団体がヒマラヤ高所登山学校の登山者を全国公募で求めていて、それに立候補して選ばれたのです。休みが四〇日間必要でした。

徳田さんに話をすると「本当に行きたいのか」と聞かれ、「一度で良いから七千メートルを越える山に登りたい」と伝えたことを覚えています。他のスタッフは「またか」と思ったことでしょう。
ヒマラヤ遠征では高山病になり、六、五〇〇メートルで、隊長から私に下山命令が出ました。その時、壮行会を開いてくれた家族の人たちや子どもたちの顔が次々と浮かび、涙が自然と溢れ、止まりませんでした。貴重な体験でした。

三、「つながりの家」の中で

〈「つながりの家」で働き始める〉

一九九一年四月、学校教育を終えた障害ある人たちが地域で生きていくのを手助けするために、小規模作業所の「つながりの家」ができました。三人のメンバーと一人の専従スタッフで出発しましたが、スタッフがなかなか定着しないため、私が「ひまわり教室」から転出し、働くことになりました。それ以来、私は「つながりの家」で働いてきました。

「つながりの家」は二〇〇三年に法人格を取得し、「社会福祉法人ひびき」（以降「ひびき」）の運営する事業所になり、二〇〇六年には小規模作業所から障害者自立支援法の事業所となりました。「ひびき」は現在、五事業所を運営しています。

小規模作業所時代、運営は毎年厳しく、四月に通帳を見ると八万円しか残金がない年もありました。毎年、絵画展や映画会などの事業を行い、ラーメンやソーメンなどを販売し、多くの人たちに支えてもらいました。

応援を受けながら感じていたのは、「共に生きよう」と考えている人たちの多さでした。「つながりの家」は障害ある人たちの日々の生活の場であるとともに、「一緒に生きよう」と願っている人たちの大事な拠点でもあったのです。

二〇〇七年四月、「つながりの家」は白山市北安田町に新築移転しました。その祝賀式で、ある行政の人が祝辞で、「米山さんが毎年要望書を持って来ていた。その想いにようやく応えることができた」と言うのを聞きました。それを聞いた時、残念な結果を重ねることがあっても、想いや願いは目に見えない形で伝わっていく。無駄なことは一つもないと思い、とてもうれしかったです。

〈学食で〉

思い出すことがあります。ある時「つながりの家」から、近くの大学に昼食を食べに行った時がありました。いわゆる「学食」です。人との関係が取りにくい多動な人と、発語の少ないバギーの寝たきりの人と一緒に行きました。

多動の彼はいつもと違う場所だったからか、にぎやかな広い食堂を走り回り、時おり食事している学生を傍でじっと見たりしていました。追いかけるのが大変でした。食事を選び、一緒に食べるのですが、なかなかじっとして食べてくれませんでした。

その時一緒に行ったスタッフが私に「こんなところに来る意味あるんですかね」と、問うてきました。

圧倒的多数の学生の目には変に映っていただろうし、私たちもメンバーに振り回されていましたから、思わず出た言葉だったと思います。

私は「こうやって来るだけで、意味がある」と、即答していました。自分に言い聞かせていたのかもしれません。いろんな人がいる。一緒に生きている。そのことを大事に思わないと、何のために障害ある人と一緒に生きてきたのか分からなくなると、とっさに思ったのかもしれません。

差別する心は自分にもあります。自分にある差別心を何とかして乗り越えたいと思う言葉だったのかもしれません。時おりめげそうになった時、私は自分の言ったあの時の言葉で自分を励まし、元気を取り戻します。

〈グループホームに泊まる〉

二〇一二年四月に、家族の高齢化などにより、自宅での生活が難しくなった障害ある人のために、「ひびき」はグループホームを立ち上げました。当時はお金がなく、男性の専従スタッフを雇うことができず、私は法人の事務仕事をしながら、週一～二回泊りに入りました。

当たり前の話なのですが、私は泊りに入り、入居者本人のことをほとんど知らないことに気がつきました。

食事では、この人は何から食べ始め、どんな形で食べていたんだろうと思い、風呂に入ればどんなふうにして入り、どこから洗っていたんだろうと戸惑い、夕食後はどうやって過ごしていたのか分からず、好きな服一つも知りませんでした。家族から聞くことばかりで、知っていることの少なさと、知っているつもりなっていた自分の傲慢さを知ることになりました。

泊りが始まったころ、忘れられないことがありました。入居者の一人はなかなか寝てくれず、その夜はよくトイレを失敗していました。私は昼間の疲れもあり、夜中「どうしたん。何でそんなん」と、着替えを手伝いながらいらいらして本人を叱っていました。

その時、その人は薄暗い部屋に立ち、私を申し訳なさそうに見ていました。その姿を見た時、はっとしました。

その姿は、その人が初めてのグループホームでの日々に何とか慣れようとしていることや、誰のためのグループホームなのかを私が忘れていることを気づかせてくれました。私は眠気が一気に取れてしまいました。

私には人に強く出る傾向があります。あの時に彼が私に見せた姿は、そのことがどんなに人を苦しくさせることなのかを教えてくれました。

グループホームでは、入居者との関係の作り直しとともに、関わる自分の姿を鮮明に見ることになりました。出会い直しが必要でした。

泊り明けの日は、大事な命を預かることができたと、窓に朝日があたるとほっとしました。入居者とのきずなが少し深まったようにも感じ、多少の清々しさをもって、朝「つながりの家」に向かったことがよくありました。

四、「ひまわり教室」、「つながりの家」で働いてきて

以前、障害ある人の親の人たちの会合に出て、帰り際にある親の人に「頑張ってください」と言ったことがありました。その時すかさず、「米山さんちょっと違うよ。米山さんも一緒に頑張って」と言われました。

人ごとの言葉だったと、反省しました。人と人との新しい関係づくりや差別をなくす活動は「一緒に頑張ろう」なのです。

版画展を開き、いつも「つながりの家」を支えてくれる、輪島に住む版画家の江崎満さんの自宅を訪ねた時、江崎さんに、「米山さんは、いい仕事場でよかったね。仕事と生き方が結びついているのは幸せだよ」と言われたことがあります。本当だなぁと思います。

「ひまわり教室」や「つながりの家」で長年働かせてもらい、障害ある人や家族と関わる中で、私の世界は広がり、以前より人を受け止めることができるようになりました。大事にしなければならないこともはっきりし、気負わずに生きていけるようになったように思います。

家族やスタッフ、そして障害ある人の家族に支えられ、働き続けられたこと、感謝しています。

障害のある人たちとの関わりを振り返って

林田　孝一

一、大学時代

僕が障害のある人と関わるようになったきっかけは、大学でのサークル活動でした。入部した当時は、障害のある人と家族を中心に月に一度「集い」を持ち、「親の会」「成人の会」「子どもの会」と三つのグループに分かれて活動していました。初めは月に一度だったのが、もっと集まりたいという要望が強くなり、月二回になり、最後は毎週開いていました。集まってきた障害のある人（大人・子ども）は、当時、就学猶予・免除により、学校には行くことができない子、またその状態で就学年齢を過ぎてしまった人、そして障害が重いという理由で保育所への入園を断られた子どもたちでした。すべての子どもには就学年齢になると就学する権利があります。親は子どもを就学させる義務があります。当時、障害が重いと言われた子どもについて、教育委員会は親に、子どもの就学を猶予または免除を求める願いを出させていました。一九七九年に養護学校の義務化が行われましたが、それより前は、障害の比較的重い子は保育所や幼稚園・学校には通えない状態でした。そんな状態に疑問を持ち、サークル活動として、いわゆる「在宅」状態の障害のある人やその家族に働きかけ、集いを開いていました。

サークル活動を通して多くの障害のある人やその家族と関わることができました。その中に高さんという、脳性麻痺のため生活の中で常に支援を必要とする、僕より少し年上の男性がいました。彼との関わりを通して、いろんなことを感じ、考えさせられました。当時「青い芝の会」という脳性麻痺の人たちのグループが、日本では初めてではないかと思われる、当事者からの発言を積極的にしていました。大まかにいうと、自分たち「障害者」は「健全者」から差別を受け続けてきた。その事実を明らかにするために「告発」をしなければいけない。自分たちの母親も「障害者」にとっては「差別者」であるというもの。高さんはのちに「青い芝の会」に共鳴し、「自立生活」を始めるのですが、僕が学生生活の時は、それほど激しい発言はしていませんでした。それでも彼との関わりの中で自分自身を問われることがよくありました。いちばん大きかったのは、自分自身の中にある「頭のいい人は人間的に優れている」という価値観です。僕は中学・高校は私立のいわゆる進学校に通い、一年浪人して大学に入学しました。高校はクラブ活動にも力を入れていて、がちがちの進学校ではなかったのですが、無意識のうちに人間を評価する物差しとして「学校の成績」が大きなものになっていました。一時、成績が大きく落ち込んだ時は、成績のいい生徒が同じ人間ではないように思われた時期もありました。そんな自分が高さんをはじめ障害のある人と関わっている。「青い芝の会」から見ると、自分は差別者の代表みたいなものでした。「健全者」イコール「差別者」という「青い芝の会」の理論に、自分自身悩み続けた大学時代でもありました。けれどもこの問いかけのおかげで、自分自身の中に無意識に持ち続けていた「頭のいい人は人間的に価値のある人だ」という大きな物差しに対して疑問を持ち、相対的に少しは弱まっていったのではないかと思います。

大学時代はとかく理屈が先行してしまう傾向があったのですが、サークル活動でよかったなと思えるのは、実際に障害のある大人や子ども、その家族と関わる機会が多かったことです。そのことで、現実は理屈通りではなく複雑で、泥臭いものであることを肌で感じることができました。高さんの家族は両親と五人の兄弟姉妹がいて、とても温かい雰囲気でした。「親は障害者にとって差別者である」という面があるのは事実ですが、親子関係はそれが全てではありません。高さんのことを大事に思っているのだな、というのがよく伝わってくる家族でした。ある一面で物事を捉えるのではなく、いろんな面から捉えることの大切さを学んだ気がします。そしてすぐに結論を出さずに（出せなかったというのが現実ですが）問題を抱え続けていくことも大事だなと感じました。

二、「ねっこ教室」時代

大学を卒業して三年間は京都の実家で生活し、その後、金沢に戻って「ひまわり教室」で働きだすのですが、三年間のうち後半の一年八か月ほどは大津にある「ねっこ教室」というところで働いていました。「ねっこ教室」というところは、徳田さんの知り合いが「ひまわり教室」を参考にして大津で始めた活動で、障害の重い子どもが通っていました。何せ無認可だったので、補助金はほんの少しあった程度で、収入のほとんどは親からの保育料でした。そのため保育は月水金の週三日のみで、僕は残りの日にアルバイトをして生活費を稼ぐという生活でした。また場所も公民館の一室を借りるという状態でした。客観的に見ると、とても劣悪な状態で、自分でもよく続いたなと思いますが、とても中身が濃い日々でした。何がよかったかというと、そういう厳しい状態だったからなのですが、五人ほどのスタッフはとてもチームワークが取れていました。それと家族との距離がとても近いものに感じました。家族（主に母親ですが）が自主的に当番を決めて昼食を毎回作ってくれていました。当番に来られた時は、いろんな話をしました。また家庭訪問もよくしていたので、家族の子どもへの思いなどを、本音で語ってもらいました。自分はただ聴くだけしかできなかったのですが、でも寄り添うことで家族にとって支えになっているのだな、と感じることができました。

ただ誤解のないように言っておくと、労働条件が悪いのがいいとは思っていません。働く人にとって、労働時間や給与などがちゃんと保証されていなければいけない。そうでないと、安心して働くことができず、障害のある人やその家族に対して充分な支援をすることができないからです。たまたま僕が実家から通うことができ、また独身であったので、ある期間続けられたと思っています。僕は自分の仕事に対して、プロ意識を持って取り組みたいと思っています。僕の思うプロ意識とは、障害のある人やその家族を支援することで自分たちはお金をもらっているのだから、より良い支援をするためには自分の知識や技能など、力量を高めていく必要がある。果たして自分は給料に見合うような仕事をしているだろうか、と自分を振り返りながら取り組んでいく心構えだと思っています。現実に自分はそうだとは言い切れないのですが、願いとして持っていきたいと思っています。

その後「ひまわり教室」から働いてみないかというお誘いが来たので（自分のほうからいずれ「ひまわり教室」で働きたいという希望を伝えていた）、そちらに移るのですが、「ねっこ教室」をやめるにあたり、スタッフや家族の方には申し訳ない気持ちでいっぱいでした。

三、「ひまわり教室」時代

「ひまわり教室」には一九七九年に入りました。二七歳の時に入り、結果的に二三年間働いたことになるのですが、本当にいろんな経験をさせてもらいました。

特に印象に残っていることの一つに、U君との交流保育があります。交流保育というのは、「ひまわり教室」の子ども（たいていは一人）がスタッフと交流先の保育園または幼稚園へ定期的に（たいていは週に一度）あそびに行く活動です。障害の重い・軽いで誰が交流に行くのかを決めるのではなく、教室に入った順番で決めていました。U君は当時三歳で、障害が重く、自分では寝返りは難しく、言葉も機嫌がいい時に少し「あー」と小さな声で言うぐらいで、食事やオムツ交換などはこちらでしてあげていました。お母さんに「ひまわり教室」の近くの保育所へU君を連れていくことになったと伝えると、お母さんは自分が住んでいる近くの保育所へ交流に行きたいと言われました。それで月三回はお母さんが、月一回は僕が家の近くの保育所へ交流に付いて行くことになりました。交流はU君の年齢に合わせて、年少の時から年長まで三年間続きました。

交流に行き始めのころは、子どもたちはいろんなことを聞いてきました。「この子、しゃべれないの？」「なんで、歩けないの？」「よだれ、たらしているね」など、親が聞いたら落ち込むのではないか、というようなことをストレートに聞いてきます。けれども子どもたちにとっては、素朴な疑問なのです。こちらは一応説明しますが、子どもたちは「ふーん」というふうに、分かったような分からないような返事。でもそれでいいのです。まずは関わっていくことが大事なのですから。と言いつつも、僕の意識の中では「U君自身が周りの子どもと直接関わっていくのは難しいので、僕がU君と周りの子どもたちをつなげていかなくては」という思いが強くありました。そのため、保育士さんが関わっていない時は、僕がU君を抱っこしたり傍（そば）にいたりすることが多かったのです。交流を始めて二年目の年の「ひまわり教室」のレポート検討会の中で、他のスタッフからの交流保育の報告があり、自分の付き合い方を見直すきっかけになりました。それは「僕がそばにいることで、かえってU君と周りの子どもたちとのつながりを邪魔しているのではないか」ということです。

さっそく次の交流の時に担任の保育士さんにお願いして、僕がU君から少し離れた所で見守ってみることにしました。U君を畳の上に寝かせて、少し離れた所で様子を見ていました。U君の近くでブロックで遊んでいた子が、そのうちにU君の所に来て、手にブロックを持たせていました。また何人かの子が来てはU君の手に何やら持たせていました。U君は目をキョロキョロ動かして、周りの子どもたちを観ているようでした。これをきっかけに、U君から少し離れて様子を見ることを増やしていきました。

そんな試みを何回かしていると、ある時一人の男の子がU君のよだれを、誰も頼んでいないのに、そっとティッシュで拭いてくれたのです。その男の子は初めてU君と会った時「よだれ、たらしている」と、なんか汚そうに言っていた子でした。でもその子はU君に関心があったからこそ、自分の正直な気持ちを表したのです。その後、交流保育を通して、U君のことを彼なりに受け止めていったのだと思いました。よだれを拭いてくれたのを見た時、僕は涙が出そうになりました。その時のことは今でも覚えています。

いろんな価値観を身につけてしまった僕たち大人は、人を受け入れるのに、いろんな価値観などが邪魔して、素直になれないのが現実です。でも子どもたちはそんな価値観をあまり身に着けていないので、ありのままのU君を丸ごと受け止めてくれるのです。歩けない、しゃべれない、よだれをたらすU君ではなくて、歩けなくてもしゃべれなくても、U君はU君なのです。たまま歩けなかったり、しゃべれなかったりするだけなのです。子どもの力はすごいな、と思いました。ただこの時、気を付けなければいけないのは、僕や担任の先生がU君に対して、肯定的な感情を持って接しているかどうかということです。子どもたちはとっても敏感です。もし僕や担任の先生が「よだれ、汚いね」とか「しゃべらんから、何を思っているか分からんわ」など、否定的な感情を持って接していたなら、子どもたちもそれを感じ取り、U君に対して否定的な感情を持ってしまう可能性が大きかったでしょう。

交流三年目の時のことです。U君にとってはその年度の五回目の交流でしたが、僕にとってはその年度の初めての交流で、担当の保育士さんも代わったので、しばらくU君を傍《そば》で寝かせて保育士さんと話をしていました。保育士さんが用事で離れたので、僕がU君の相手をしていると、子どもたちが何人か寄ってきました。僕は子どもたちに「Uくんに声をかけたり、手を振ったりすると喜ぶよ」と言うと、子どもたちは代わる代わる「Uくん」と言ってみたり、手をもって振ったりしていました。そのうちにU君が「あー」と大きな声を出したのです。そしてニコッと笑ったのです。一瞬ではなく、しばらく笑顔は続きました。僕が「Uくん、わらったよ！」というと、子どもたちも「ほんまや。Uくん、わらったわ」と言って、また相手を続けていました。家では以前からよく笑うようになっていて、教室でもこの年になってから笑顔を見せることが多くなりました。でも続けて笑うのは、久しぶりのことでした。子どもたちとのダイレクトな関わりでU君が笑ったことが、僕はとてもうれしかったです。改めて子どもたちの力はすごいな、と思いました。お母さんにそのことを伝えると、お母さんも「本当に！」と嬉しそうな表情で答えてくれました。

交流保育を終えるころに改めて、お母さんに交流保育について話を聞いてみました。お母さんは、「始めのうちは交流保育に行っても、自分は子どもと遊ぶのが苦手で、保母さんにも気を張っていて、早く帰りたいと思っていた。けれども交流を続けていくうちに、子どもとも遊べるようになり、また保母さんとも話ができるようになった。行っていて、楽しいと感じるようになった」と言っていました。また次のようにも話していました。就学時健診の時、U君を抱いたお母さんの姿は目立った存在で、周りの視線を感じて不安になり、孤独な気持ちでいたそうです。そんな時、交流に行っている保育所の子どもたちが声をかけてくれたり、手を振ったりしてくれたそうです。そのことでお母さんはずいぶん勇気づけられたとのことでした。

交流保育の経験を通して、僕は障害のある子ができるだけ早い時期に、障害のない子と時間や空間を共にすることがとても大事だと実感しました。いろんな子が一緒にいることで、もめごとも当然起こってくるでしょう。でも、もめごとが起こらないようにすることが大切なのではなくて、もめごとが起こった時に、なぜもめごとが起こったのか、それを解決するためにはどうしたらいいのか、を子どもと一緒に考え悩み、そして取り組んでいくことが大切なのではないでしょうか。自分のことばかりを主張するのではなく、相手のことも思いやり、どこかで折り合えないかを探っていく。排除するのではなく、共に育っていくことを大切にする。だから僕は、障害のある子が障害のない子と共に過ごすことは、障害のある子にとって大事なだけでなく、障害のない子にとっても大事なことだなと思うのです。子どもたちにとって、これから先いろんな人を受け入れていく礎になるのだと思います。そしてそのことを通して、いろんな人がいても心地よい社会になるのではないかなと思っています。

四、「ひびき」に入って

松任ひまわり教室は通う子どもが少なくなったため、残念ながら二〇〇三年三月で閉鎖になりました。通っていた子どもたちは、金沢のひまわり教室に通うことになり、多くの職員は一九九一年から活動していた「つながりの家」で働くことになりました。「つながりの家」は「ひまわり教室」を退室した子どもたちの家族が、学校卒業後の障害者の通う場を自分たちで作っていきたいという願いのもと、スタートした事業所です。現在は「つながりの家」・「すーぷる」という昼間に通う事業所と、「みらい」・「ひかり」の二つのグループホーム、「エポック」というホームヘルプなどの訪問系や移動支援・相談支援の活動をしている事業所を、「ひびき」という社会福祉法人が運営しています。

ここでも僕は様々な経験をさせてもらったのですが、特に思い出のあるT君とのことを書きたいと思います。T君は、僕が「ひまわり教室」にいた頃に通っていた人です。その後、幼稚園へ通い、就学時に地域の小学校へ入学しました。中学・高校は特別支援学校に通い、卒業後「すーぷる」に通い出します。T君はいわゆる「自閉的傾向」が強い人で、いろいろな面で強いこだわりがありました。小さい頃や小学校の頃はそれほどではなかったのですが、中学や高等部の時にはかなり精神的に不安定な状態でした。壁に貼ってあるものや掛けてあるものが気になり、はがしたり取ってしまったりしていました。そのため、家や学校の教室は、殺風景な感じでした。またプラスチックを飲み込むことがあったり、したいことを止められると止めた人を噛もうとしたりすることもありました。受け止めるにあたり、両親から話を聞いたり、学校や関係機関の方の話を聞いたりしたのですが、自分の中では、彼を受け止めることができるだろうかという不安が大きくなっていました。でもそんなことは言っていられないので、腹をくくることにしました。彼を受け止めるにあたり、どのような取り組みをしていくか、スタッフの中で何回も話し合いました。

なぜ彼が強いこだわりを示すのか、なぜしたいことを止められると攻撃的になるのか。それは彼が人に対して強い不信感を持っているからだと思いました。というのは、学校の先生の彼に対するまなざしが、とても否定的なものに感じたからです。また学校の枠に彼を一方的にはめようとしているように感じました。彼はそれに対して反発しているのだと思いました。当時の彼の状態を見ていて、こちらの枠に彼をはめようとするのではなく、彼が過ごしやすいように、こちらの枠組みを変えていく必要性を感じました。

どうすれば僕や周りのスタッフ、「すーぷる」全体に対して信頼感を持ってもらえるのかを、スタッフ間でよく話し合いました。まず、できるだけ彼の行動を止めなくてもいいような環境設定を行いました。例えば、やかんやコップに水が入っていると、T君は空にしないと気が済まないので、やかんを隠したり、コップにお茶を入れる時は必ずそばにスタッフがいるようにしたりしました。壁に紙が貼ってあるとはがして破ってしまうので、上からビニールで覆うようにしました。それだとT君はあきらめて、はがしませんでした。そのほかいろいろなことに対して、そのつど対策を考えていきました。

また彼と関わる時には、できるだけ笑顔で、「君のことを好きになりたいんだよ、仲良くなりたいんだよ」という思いで接するようにしました。うわべだけの笑顔を見せても、彼はすぐに見抜いてしまいます。それで僕は、自分は彼に対して、どんなまなざしで見ているのだろうかと、自分を振り返るようにしていきました。また大玉に乗せて揺らしたりなど、体を使った関わりも入れていきました。

彼のことについてはミーティングの時間だけでなく、いろんな機会を見つけて話し合うようにしました。また初めは僕が中心に関わっていましたが、実際に接している時は、かなりのエネルギーを必要としました。そこで、彼の行動が少しずつ落ち着いてくるとともに、僕が彼を囲い込まないようにするためにも、いろんなスタッフとT君が関わることができるように気を付けていきました。関わり方も、全て受け入れるというのではなく、どうしてもだめなものはだめだと伝えるようにしました（例えば、水槽を空にしたいからといって栓を抜くこと）。

通いだして五日目の時、T君が釣ってあった風鈴をつかんで落とし、割ってしまいました。僕が強い調子で叱ると、彼はシュンとした表情をしました。叱られたからといって怒るのではなくシュンとなったので、こちらの言うことが伝わったようで、うれしく思いました。また毎日通うことで、T君が一日の流れを予測できるようになったこともあり、少しずつ落ち着いていきました。そして、T君の表情や動きが少しずつ柔らかくなっていきました。こだわり自体は無くなりませんが、通い出した当時のような厳しい表情は無くなり、毎日笑顔で通っています。

いわゆる「強度行動障害」と言われている人に対しては、周りの者はその行動に目が行ってしまい、否定的な見方になってしまいがちです。けれども目立つような行動をするのには、必ず原因があるはずです。それは本人だけのせいではなく、周りの人を含めた環境にも原因があるはずです。T君との関わりを通して、相手を一方的に変えようとするのではなく、自分達も変わっていくことの大切さを感じました。そして自分は相手に対してどんなまなざしで見ているのか、自分自身を俯瞰的に見ることの大切さを改めて感じました。また、これは一人でできることではなく、チームプレイの重要さも痛感しています。

どんな人でも自分のことを気にかけてほしいのです、受け入れてほしいのです。その思いが満たされれば、人は穏やかになるのだと思います。

第Ⅱ部　障害のあるわが子と地域で生きる

智生《ともき》の母になって
——障害のある息子との地域での歩み

北野　美恵子

一、我が子に障害があると分かって

私には現在、高校二年生の長女真那《まな》と中学三年生の長男智生《ともき》がいます。智生は知的障害と身体障害があります。手足が不自由ではありますが、小さい頃みんながしていたハイハイのようなスタイルで移動し、階段の上り下りもします。かなり活発なほうで、体重も私以上にあります。言葉はほとんど持っていない智生ですが、豊かな表情でまわりを楽しませてくれる、我が家のムードメーカーです。

今でこそ、元気に生活をしている私たち家族ですが、智生の障害が分かってからはずいぶん苦しい思いをしてきました。長女とは年が二つしか離れていないので、だいたい発達のプロセスを憶えており、智生が生まれて数か月経ってくると、だんだん座っていくはずの首が時々カクッとなってしまうことや、目の焦点がはっきりしないことが気になり始めました。気になり始めると不安は日に日にふくらんでいき、思い切っていくつかの病院へ行って検査をしてみることにしました。これといった原因が見つからないものの、同じ頃に生まれた子たちとの差は広がる一方で、私の気持ちはどんどん追い込まれていきました。

そんな時、偶然、障害児の通園施設「ひまわり教室」の存在を知りました。わらをもすがる思いで電話をかけ、一度遊びに行くことにしました。さっそく出かけてみると、歩けない子や話せない子が何人もいました。この頃、あまりに無知だった私は、生まれつき歩けない子がいることすら知りませんでした。

「この子たちと智生が同じなのか?」

本当に失礼な話ですが、正直言ってそう思っていました。だから、ひまわり教室に通ってみないかとすすめられても、すぐ通わせる気持ちにはなれませんでした。

それからしばらくして、智生の発達を毎月見てもらっていた病院のカルテに、脳性麻痺というハンコが押されているのを目にしました。急に現実を突きつけられて、私は崖から突き落とされたような気持ちになり、ある意味、自分の人生が終わってしまったような気がしました。

それからしばらくは毎日泣いてばかりの私でしたが、「このままの状況が子どもたちにとっても私にとってもいいはずがない」ということだけは自覚できていました。でも、どうすれば元気になれるのか、前向きに子育てしていけるのか分かりませんでした。そんな時、ひまわり教室のことを思い出しました。行ってみたら何かを変えることができるかもしれない、今の状態から脱出できるかもしれない。そう思いながら、もう一度教室をたずねてみようと考えました。

改めて行ってみると、子どもたち、お母さん方、職員の方々がみんな明るく元気で、私とのあまりの違いに驚きました。「私もそうなりたい」と強く思い、その日のうちに通うことを決めました。一九九五年八月のことです。

ひまわり教室の先生とたくさん話をしたのですが、なかでも「歩けなくったっていいんですよ。話せなくたっていいんですよ。智生君はこのままでいいんですよ」という言葉がとても印象的でした。最初はずいぶん戸惑いましたが、次第にその言葉を理解できるようになりました。〝歩けなくったって、話せなくったって、智生が私の大切な息子であることに変わりはない〟そんな簡単なことが、ようやくその頃分かりました。そう思ってから息子を見ると、本当に愛しく感じられました。結局、私が人生を終わったように感じていたのは、私の中の障害のある人を差別する気持ちがあったからだ、ということも分かってきました。

ひまわり教室では、わが子に障害があっても、地域でいきいきと暮らしている人たちとの出会いもありました。教室を卒業した後は養護学校（現在の特別支援学校）に行くしかないと思っていた私は、とても驚きました。けれど、地域で堂々と暮らしている姿がとてもうらやましく感じられました。私たち家族は、将来どう生きていきたいのか？　それからずいぶん考えました。夫と何度も話をしました。そして、「私たち家族の願いは普通に暮らしていくこと、智生と長女を同じように育てていきたいということだな」と思うようになりました。

智生の障害があることに悩んでいた頃の私は、友人や親戚の人に、なかなかそのことを話せないでいました。智生のことは大好きなのに、障害があることを告げた後のまわりの人たちの反応が怖くて、ずっと話せないでいたのですが、心にはずっしり重いものがのしかかっていました。大切な家族の話を気軽にできないことが、私自身をずっと苦しめていました。娘にはこんな思いをさせたくない、弟のことを隠していかなければならない人生を歩ませたくない、そう思いました。そして、智生自身にも私のように障害があることを卑屈に受け止めず、堂々と人生を歩んでほしいと思いました。そのために私たち親ができること、それは、智生も含め、家族みんなで地域で生きていくこと以外にないと思いました。

二、地域の中でのたくさんの出会い

(一) 保育園へ交流に行って

地域で生きていくということのスタートは、まず保育園へ遊びに行くことから始まりました。週に一度、私と一緒に行っていましたが、智生はかなり驚いたようでした。自分以外の子がみんな歩いていることや全員で歌った時の迫力に、少し唖然としていましたが、でもやはり楽しそうでした。遊びに行った時は保育士の方々もいろいろ工夫してくれ、ボール遊びやおままごと、オニごっこやプール遊びなどして一緒に遊びました。

まわりの子たちは「なんで歩けんが？」「なんで話せんが？」と聞いてはくるものの、「まあいいか」といった感じで、次から次へと智生に話しかけてくれました。

ある日、みんなで椅子に座って歌を歌った後、先生が「みんな、立ってください」と言うと、みんなはすばやくその場に立ちました。智生は立てないので座っていると、横に座っていた子が「おまえも立たんかいや」と言って、智生を椅子から引きずりおろしました。少しびっくりしたのも事実でしたが、「子どもって、本当に何もこだわらないんやな〜」と思いました。私も含め、大人はアレコレ先に頭で考えて行動しますが、「みんなが椅子から立ったらお前もやろ」というその子の発想が、なんだかとてもうれしく感じたのを憶えています。やっぱりこの子たちと一緒に育てていきたい。そうはっきり思ったのは、もしかしてこの時かもしれません。

交流に行くようになって一年くらい経った頃、子どもたちの中に軽い障害がある子がいることに気づきました。智生にはみんなやさしい言葉をかけてくれているのに、その子に対してはみんなとてもシビアな態度のように思えたので、何気なく保育士の方に「どうしてなんですかね？」と聞いてみたところ、「智生君はお客さんだからですよ」という返事が返ってきました。お客さんという言葉がショックでした。でも確かに、たまにしか保育園に行かない智生は、みんなから見ればお客さんに違いありませんでした。その子と智生の態度の違いは、つきあいの深さの違いなんだなと思いました。小学校に入学してみんなに毎日会えるようになったら、〃お客さん〃のような存在にはなりたくない、そうならないよう努力していこう、と強く思いました。

（二）小学校へ入るまでの壁

そして、いよいよ小学校への入学が近づいてきました。長女の時もそうでしたが、みんなはごく普通に地域の小学校へ入学していきます。なのに、障害の重い智生は、小学校や教育委員会との話し合いが何度も必要でした。私たち両親は、同学年といい刺激を与えあっての成長を願い、普通学級を希望していましたが、学校側からは安全面などを理由に、障害児学級を強くすすめられました。二度三度と話し合いを重ねても平行線をたどるばかりでした。

途方にくれていた頃、小学校の先生から、「教職員全員と、北野さんが話し合いをする場を設けます」と連絡が入りました。私たちは思いを伝えるまたとないチャンスだと思い、自分たちの思いを綴った文章を急きょ作成し、その場に出向きました。けれど私たちの話はそこそこに、多くの先生からは「なぜ障害児学級ではダメなのですか？」「通常学級との交流もちゃんとしますよ」という意見ばかりでした。一人だけ「普通学級でもよいのでは？」と言ってくれた先生もいましたが、その先生の意見を検討する雰囲気もありませんでした。私たちは、残念な思いでいっぱいになって帰ってきました。

その後、話し合いの機会すら作れないまま、三月の後半になっていました。私たちは先生方を説得できなかった自分たちの無力さを、ただただ感じていました。そんな中、前回連絡をくれた先生からまた電話が入り、「北野さんは普通学級に決まったと教育委員会から連絡が入りましたが、校長はたいへん怒っている」と聞かされました。

後日分かったことですが、話し合いが平行線で終わり、その後、障害児学級の承諾をしない私たちに、教育委員会があきらめたのか（?）、「普通学級籍」と学校に連絡を入れたということでした。校長はそれを、私たちと教育委員会が話し合って勝手に決めたと思っていたようです。私たちは、そんなことはしていませんでした。学校からの連絡をただ待っていただけでした。その状況でも「普通学級」を押し通すことは、私たちにはできませんでした。これ以上先生方とまさつが大きくなった中で息子を学校に毎日登校させても、学校生活が良いものになっていくとは到底考えられませんでした。夫は電話をかけてきた先生に電話をかけ直し、障害児学級を承諾することを伝えました。入学する前の最後の話し合いで、まわりの子どもたちとの交流を大切に考えてほしいこと、みんながすることは同じように機会を与えてほしいことを申し入れ、それは了解してもらえたようでした。そんなバタバタした中ではありましたが、小学生としての生活がスタートしました。

先生方も毎日智生と接していく中で、智生のことを理解し、私たち両親の思いも、少しずつではありますが、理解してもらえたような気がしています。

まわりの子たちは、車椅子に乗っている智生に興味津々のようでした。「智生～」と声をかけたり、智生の頬《ほお》をツンツンつついたりする姿もよく見かけました。家にも友達が遊びに来てくれるようになりました。それまでなかったことなので、本当にうれしく思いました。入学当初はまわりの生活の変化についていくだけで精一杯でしたが、その頃ようやく、地域で生きていく楽しさを実感できるようになりました。

そして二年生の時、長女が通っていた英語教室に一緒に通うことになりました。また、三年生からは学童保育にも入室することができました。学童は保護者の方々や地域の多くの人たちが出入りする場所なので、智生はますます地域の人たちと知り合う機会が増えていきました。さらに知名度（？）が上がり、地域におろした根が少しずつ深くなってきている気がしていました。

（三）小学校の中で

小学校では、忘れられない出会いがありました。三年生から六年生まで担任をしてもらった、U先生との出会いです。先生は障害児学級の担任は初めてで、当初はずいぶん戸惑っているような印象でした。今まで関わりのなかった先生が担任になり、親としても不安な面があったので、先生の顔を見るたび、智生の様子や私が学校に望んでいることなど、いろいろな話をしました。

ある日私が「みんなと一緒」ということにこだわりを持っていること、それを通して、まわりの子たちに智生は障害があったってみんなと一緒なんだということを体感していってほしい、と思っていると伝えた時、先生は「お母さんの考えって、私が思っていた以上に深いものなのですね。私少し感動しました」と言ってくれました。それまでは、いろんな先生から「でもね、お母さん…」という言葉が返ってくることがほとんどで、私の言葉がなかなか伝わらないのは、自分の力不足だと思っていました。それだけに、その時の先生の言葉は本当にありがたかったです。

それから先生は、できうる限り「みんなと一緒に」ということにこだわってくれました。「田植え体験」では、智生を田んぼの中に入らせ、泥の感触や苗をにぎるなどの体験をさせてくれました。田んぼに智生を入らせるのも、出させるのも、泥だらけになった智生の体をきれいにするのも、容易ではなかったと思いますが、先生には何の躊躇《ちゅうちょ》もないように見えました。どんな学校生活の場面でもその姿勢を貫いてくれる姿に、私が逆に心配になって、「先生、大変じゃないですか?」と聞くと、先生の答えは決まって「なんとかなりますよ」でした。大変なこともたくさんあったでしょうに、「大変でした」という言葉は、結局一度も聞かなかったような気がしています。智生も先生のことが大好きで、安心して登校しているのがよく分かりました。

(四)気がかりなこと

先生がそれだけがんばっていて下さっていたのに、私には少しだけ気がかりなことがありました。全校朝礼などで体育館へ移動する時など、それまで廊下で一緒に遊んでいた子たちがサーッといなくなってしまうことでした。先生が後で連れて来ることを子どもたちは知っているので、誰も気にかけないようでした。ポツンと最後に残ってしまい、さみしそうにしている智生を見ると、私もそのたびにさみしい気持ちになってしまいました。

「先生は本当によくやって下さっている。日々いろいろなことはあるけれど、子どもたちもけっこう仲良くしてくれている。けれど今の状況がベストではないのかもしれない」。そう考えるようになりました。小学校が終わってしまったら、小さい頃から一緒のみんなとすごせるのは義務教育の三年間しか残っていない、ということも気になり始めました。籍を「普通学級」にして、今以上に子どもたちと多くの時間を共有したいと思う反面、今こんなに安心して登校している智生が不安に感じてしまうことも多くなるのだろうと思うと、やはりすぐには決めかねていました。

ちょうどその頃のある日、長女が急に「お母さん、障害のある子にもいろいろあって、養護学校へ行く子、教室で一人ぼっちで過ごしている子（先生と一対一）、それからみんなの中で教室で過ごしている子がおるよね。お母さんは智生を一人ぼっちで過ごさせたりせんやろ？」と聞いてきました。当時は、「私の思いを見透かしたように、どうしてそんなことを言い出したんだろう？」と思っていましたが、今思えば、長女より二つ上の学年の子が障害児学級で先生と二人で過ごしている様子や、一つ下の学年の車椅子の子が普通学級でみんなの中で過ごしている姿を見てのことだったと思います。私はその長女の言葉で心が決まり、夫とも相談をして、中学は普通学級でいこうと決めました。

三、そして今、中学生の智生と共に

居心地のよかった小学校をいよいよ卒業し、中学校での新しい生活がスタートしました。入学前の話し合いも決してスムーズとはいえませんでしたが、小学校の担任のU先生が前年の夏休み中に、小学校のデジカメに入っている智生の写真をおこして、「こんないい表情をして学校生活を過ごしています。中学校でもこんな表情をして過ごせたらいいなと思っています」と校長先生に会いに行ってくれたり、私たち親と学校の話し合いにも出席してくれたりしました。一回目の話し合いの最後に、籍（普通学級か支援学級）の話があいまいになりそうなところ、U先生が「次回の話し合いでは、どちらの籍をふまえて話されていく予定ですか？」と聞いてくれ、中学校のほうから「普通学級です」という返事をはっきりもらうことができました。本当に心強かったです。私たちの気持ちも全く揺らぐことはありませんでした。

そして、入学式を迎えました。智生は、私が想像していた以上に緊張しているようでした。入学式の日は、校舎に入る時ガタガタとふるえていた程でした。次の日から一年二組での生活がスタートしましたが、小学校の時には授業中にうろうろすることなどなかったのに、車椅子からひんぱんに降りるようになりました。入学前、担任との打ち合わせは一度だけで、支援員の方とは全く打ち合わせすらしていない状況でのスタートでした。智生には中学校へ行くことを何度も話しましたが、実感できないようでした。私は、小学校での六年間の生活があったので、すべてがもう少しスムーズに行くとたかをくくっていた部分もありました。けれど私の予想など全くはずれ、教室ではなかなか落ち着かず、教室移動もずいぶん先生方と支援員の方を手こずらせてしまいました。それが智生の「気持ちがしんどいよ」というサインだということも分かっていましたが、「今はがんばるしかない」と思っていました。

そんなある日、違う小学校出身の女の子が「智生君、まだ慣れんくて、しんどそうやね。でもね。私もまだしんどいよ。がんばろうね」と声をかけてくれました。私は入学以来の智生のあまりの戸惑いに「高すぎるハードルを与えてしまったのだろうか……」とも思い、気持ちが少し揺れていたので、その子の言葉に救われる思いがしました。同じ頃、智生とずっと仲の良かったY君が、毎朝、智生に抱きついているのを見かけるようになりました。Y君も不安で、そうせずにはいられないようでした。智生もY君がそうしてくれることでずいぶん励まされているのがよく分かりました。そんなまわりの子どもたちの様子を見ていて、智生を支えてくれる子は何人もいる、そして智生も友人の支えになっているようだ、きっと乗り越えられる、と思えました。先生方は落ち着かない智生にそのつど注意をし、なかなか進まない階段の上り下りも、時には歌など歌ってくれたりしながら、根気よくつきあってくれました。そのおかげで、智生は少しずつ落ち着いていきました。

その頃に前後して、部活動が始まりました。入部することは、入学する前から希望していました。長女も「みんな入部するし、入部せんかったら、智一人ぼっちゃ。この体をいかして柔道部はどう?」と言っていました。私が「入部させてくれるかな?」と言うと、長女は「なんで入部できんが?　もしそんなことがあったら、それこそ差別やろ。お母さん!」と言っていました。一つ上の学年で車椅子の子も剣道部に入部していたこともあり、先生方の反応もシャットアウトな感じではなかったので、ねばり強くお願いしてみようと思っていました。

そして……、柔道部に入部することになりました!　背中に「緑中・北野」とネームの入った道着が届いた時は本当に嬉しかったです。中学生活と同様、部活もどうしたら良いか、本人もまわりの子たちもずいぶん戸惑っていたようですが、三年間ほとんど休むことなく続けることができました。スムーズとは言えない階段の移動にもずっと付き合ってくれた、同級生の柔道部の子たちのおかげだと思っています。

智生が一年生の夏休みに、担任の先生と支援員の方と三人で、入学からの振り返りと休み明けに向けての話し合いをしました。私が「何か困ってらっしゃる点とかありますか?」と聞くと、先生は「特にないですね。授業中、多少声が出る時もあるけど、ギリギリセーフだし」と言ってくれました。その言葉は「智生もみんなの中にいていいんですよ。いて当たり前なんですよ」と言ってくれているような気がしました。それと、智生の話をしている時、先生がいつも「本音で行こう。お母さん」と言ってくれたのもすごく心強かったです。智生の中学校生活を良いものにするためにも先生の大変さを理解したい、いろいろな問題を一緒に解決していきたい、と思いながら話してきましたが、その力強い言葉に、私のほうが励まされていたような気がしています。

そして中一の生活も終わりを迎えた時、ずいぶんお世話になった教頭先生が転任されることとなり、あいさつに行くと、「智生は本当に成長しましたね」と言われました。私もそう思っていました。中学に入り、普通学級籍にしてサポートが受けられない時間ができて、一人で過ごさなくてはいけない時間もできました。みんなに智生が合わせていく必要がある場面も、ずいぶん増えたと思います。けれどそういう場面があったからこそ、智生の成長があったように思います。それに、同級生たちもよくサポートしてくれました。手を貸さなければならない時が増え、同級生たちは最初戸惑っていたと思います。正直めんどうくさいなって思っていた頃もあったと思います。けれどその頃には何気なく、当たり前のようにサポートしてくれる姿をよく見かけるようになりました。

二年生になり、新しいクラスになりました。しばらくすると、クラスの中の何人かが落ち着かない様子で、いじめの話もよく耳にするようになりました。智生も例外ではありませんでした。時々、落ち込んだ様子で帰ってくることがありました。私が「今日何か嫌なことあった？」と聞くと、「はい」という意味で手をパチンとたたくしぐさをしていました。アザを作って帰ってきたこともあり、そんな時は担任の先生に相談もしましたが、必要以上に事実を追求しようとは考えませんでした。それには理由がありました。長女が中学二年生の時、部活での仲間はずれにあった時の自分自身の反省があったからです。長女は突然の出来事に、本当に辛そうにしていました。なんとか登校はするものの、帰ってくると毎日泣いていました。何が起きて相手が誰なのかも、本人からはもちろん、担任の先生や部活の顧問の先生からも話は聞いていました。毎日、長女の辛そうな様子を見ているうちに私は相手の子たちを憎らしく、恨むような気持ちを持つようになりました。私がそんな気持ちを持っていたとしても、その子たちと顔を合わせないで済むなら、問題はなかったのかもしれません。けれど、どの子も小さい頃から知っている地域の子だったので、よく顔を見かけることがありました。しかも智生が中学校に入学してからは、毎日登下校の時に学校に行かなければいけませんでした。相手の子たちと顔を合わすと、その子らは私の気持ちを感じ取っていたようでした。ようやく仲間はずれが収まり、長女が相手の子たちをまた少しずつ受け入れるようになっても、私はずっと許せずにいました。そのことも相手の子たちには伝わっているようでした。子どもたちは仲直りしようとしているのに、私が真那の友人関係の壁になってしまっているのかもしれない」。そう気づいても、自分の気持ちを変えることは出来ませんでした。

だから、智生の同級生とはそんな関係にはなってはいけないと考えていました。智生の気持ちの変化や様子には敏感でいなくてはいけないけれど、よほどのことがない限り、誰が何をしたかということは追求しないでおこうと思いました。それに、長女はそのことがあって以来、親しいからといって、いきすぎた言葉を使ってはいけないということや、自分のように仲間はずれになっている子がいても、仲間はずれにしている子らに絶対に同調しないと決めていたようでした。智生も嫌な思いをすることでまた、人との付き合い方を少し学んで、成長したように思いました。

気持ちの切り替え方など、きっと何かを学んでくれるだろうと考えていました。

そんな頃、智生はM君と席がとなりになりました。何日後かに、M君は担任の先生に自分の席をずっと智生のとなりにしてと言っていた、と聞きました。M君とは小学校も同じでしたが、あまり関わりのない子だったので、意外な感じがしました。二人はそれからずっととなりの席で過ごし、どんどん仲良くなっていったようでした。M君が車椅子を押している姿もよく見かけるようになりました。しばらく経ってから気がついたのですが、M君はとても繊細な子で、クラスの荒れた雰囲気に傷ついているようでした。そんな時、智生とたまたまとなりの席になり、なんとなくホッとしたのかなと思いました。智生がM君の支えになれたようで嬉しく思いました。M君もきっと智生の支えになってくれていたのだろうと思っています。

そして今年、とうとう義務教育最後の学年になりました。年度が変わると、校長、教頭先生も転任され、二年生の時の担任の先生の姿もありませんでした。多少不安がありつつも、最後の学年を楽しく過ごせればいいなと思っていました。

そう思っていた春休みのある日、中学校から連絡があり「修学旅行について校長先生がお話したいらしいので、話に来てもらえませんか?」と言われました。修学旅行については、二年生の時の担任と何度か話していたので、「確認のためかな?」と思い、四月の上旬、夫と二人で学校に出向きました。校長先生は「どうして修学旅行について何も決めてないのですか?」と言い、厳しい雰囲気の話し合いになりました。校長先生から「付き添いできる人を探すこと、その人の旅費を親が負担すること」を求められました。その理由として、「修学旅行の自主プランの際、子どもたちだけに任すことはできない。万が一何かが起こったら、一緒にいた子どもたちが嫌な思いをしてしまう。そして、自主的な活動の時に、近くに先生がいると子どもたちが面白くないだろう」ということでした。私たちは学校の誰も知らない人が同行することによって、子どもたちと関わりがしにくくなってしまうことや、先生とも離れてしまう時間が多くあっては、学校行事のはずなのに、智生だけが蚊帳の外になってしまうかもしれないということがとても心配でした。自主プランの際も、どうしても人手不足であれば、先生と待機している時間が多少あっても仕方ないなと思い、それを伝えても、校長先生は「智生君にも全部を回らせてあげるべきでしょう」という意見で、話し合いの接点が全く見い出せませんでした。二回目の話し合いも同様で、長く話していても意味がないように思えたので、「教育委員会に相談してみます」という返事をして帰ってきました。

帰ってきてから友人たちに相談したり、自分でもよく考えてみたりしたのですが、日もさし迫ってきているので、教育委員会に行くより、やはり校長先生と直接話したほうがいいように思えて、あえて行くのをやめました。そして、週明けにあらかじめ連絡もせず、智生と二人で校長室を訪れました。なんの迷いもなく校長先生の横にドカッと座る智生に私が横に来るよう促すと、意外にも校長先生は、「いいよ、いいよ。横におったらいいがいね」とやさしく声をかけてくれました。その言葉のおかげか、それまでピンと張っていた校長先生に対する緊張感が解け、それまでの頑なな気持ちではなく、素直に「やっぱりどうしても（提示された条件をのむのは）無理なんです」と言えました。すると、少し意見を出し合った後、校長先生は「分かりました。こちらでなんとかしてみます。細かい打ち合わせを学年の先生としておいてくださいね」と言ってくれました。それから学年の先生方と打ち合わせをし、智生はなんとか旅立つことができました。結局、普段支援員をしてくれている方がボランティアで同行してくれて、私たち親が旅費を負担することもありませんでした。

修学旅行の話し合いの間は、ずっと苦しい思いでした。小学校へ入学する時と同じくらい気持ちが追い込まれていくのを、自分自身で感じていました。でもあの時のように、学校の意見に引きずられるような結果の出し方は絶対にしたくはありませんでした。それに、その間先生方が智生の修学旅行のことを心配してくれているのを感じていました。声をかけてくれた先生や、話を聞いてくれた先生がいました。先生方の温かい気持ちを感じることができたから、最後まで気持ちを強く持ちつづけられたのかもしれません。

旅行から帰ってきた智生はとてもいい表情をしていて、楽しく過ごしたのが、一日で分かりました。先生や支援員の方から、ほとんどの時間を子どもたちと過ごせたこと、支援員の方まかせにならないよう先生方が気を配っていてくれたこと、最後の日に智生が一人でエレベーターに乗り、一瞬、行方不明になったこと（汗）などを聞かせてもらいました。智生も家へ帰って来ると、ずいぶん前に買っていたＵＳＪの本を本棚から引っ張り出してきて、現地で見て来たと思われるキャラクターをあれこれ指差しして教えてくれました。智生にとって忘れられない大きな思い出になったと思います。

学校での生活が平常に戻ると、やはりクラス替えの影響か、なんとなく雰囲気が変わっていることに気づきました。支援員の方からも二年の時に仲が良かった子とクラスが離れてしまい、少し寂しそうで心配している、と連絡帳に書かれていました。でも日が経つにつれ、新しいクラスメイトの輪に自分のほうから近寄っていき、新たに仲良くなった子が何人かできたと聞きました。みんなの中で過ごすことでつちかわれた、智生のたくましさを感じました。

そして今は、クラスの中は少し落ちつかない雰囲気はあるものの、「普通」な感じがします。仲がいい子や気にかけてくれる子はいますが、特別にやさしくしてもらっているとか、気を遣われているといった感じはありません。その感じが私には、とても心地良いです。そこにいて当たり前な雰囲気があるからです。智生に対して、時にはやさしく、時にはシビアな、時にはいい加減な同級生たち。いろいろなことはあるけれど、やっぱりそんな同級生たちが私は大好きです。

同級生と話すのも楽しみの一つです。小学校の頃は「智のこと、少しでも分かってくれるといいな」と思いながら話していました。今は、智生や私と仲の良い子が中心ですが、時々自分の悩みを打ち明けてくれる子もいます。それに、長女が仲間はずれの時は本当に辛そうに登校していたので、元気のない子のことも気になってしまい、つい声をかけてしまいます。私が声をかけたくらいでは、なにも変わらないのは分かっているけれど、地域のおばちゃんとして、これからもエールは送り続けたいなと思っています。

石川県での県同和教育研究大会の際、参加してくれた緑中の先生は、「智生君がいて今の三年生がある」と発言してくれました。その後、その先生に話を聞くと、「障害のある子が学年にいなかった前任校では、道徳の時間に『もし自分が障害を持つことになったら？』との問いかけに『自分は健康で良かった』という意見がほとんどだったけれど、緑中に来て同じ質問をしたら、『障害を受け入れていこうと思う』という意見が多く出たんですよ」と話してくれました。また、別の先生は、「入学してくる時、障害が重い智生に普通学級ではきっと何もしてあげられない。なぜ障害児学級を作らないのだろう？と思っていた。けれど今は、智生の成長やまわりの子たちの心を育てるという意味でも、智生が普通学級にいてくれて良かった。今度また障害の重い子が学校に入学することになっても、躊躇せずにいれると思う」と話してくれました。

今、緑中の先生方は、本当に温かい声をよくかけてくれます。入学当初あった、先生方の多少ピリピリしている雰囲気も、今は全く感じなくなりました。智生が声をかけられている時の雰囲気で、生徒の一人として大切に思ってもらっているんだなと感じ、日々嬉しく思っています。

四、これからのこと

中学を卒業すると、ほとんどの子が高校へ進学していきます。みんながごく「普通」に進学していくのに、「障害がある」「点数が取れない」からといって、どうして智生は高校には行けないのでしょうか？　高校が「高等教育の場」であるからでしょうか？　けれど、高校生になって一日の大半を高校で過ごしている長女を見ていると、彼女にとって高校は「勉強する場所」というだけではなく「生活する場所」でもあるように見えます。新しい友達との出会いやつきあい方を通して、また少しずつ成長しているように感じます。その同級生たちが生活する場所に、どうして智生は入っていけないのでしょうか？　勉強以外にも、きっと学び合えることがあると思っています。みんなと楽しそうにすごしている時の智生は、本当にイキイキして見えます。私たち家族では作ってやれない楽しそうな雰囲気が漂っています。あともう少しの間、その雰囲気の中で過ごさせてやりたいと願っています。

長女に智生も高校へ行かせたいと話をしたところ、「智生だけじゃなくて……点数が取れん子はみんなと一緒にいれるのは中学まで……って、誰かに決め付けられてしまうのは、やっぱり変やと思う」と話してくれました。私も本当にそうだなと思いました。

小さい頃から一緒だった友達は、それぞれの選んだ道に進みます。高校・大学そして社会人になる時も、きっと同世代の新しい仲間ができることでしょう。それなら智生にもせめて高校生活を体験させてやりたい、そう思わずにはいられません。

道が開かれるかは分かりませんが、この思いを胸に高校受験に挑戦したいと思っています。

五、おわりに

私はこれまでの人生で、いつも自分に自信を持てずに生きてきました。人間関係のトラブルに出合うことが多く、そんな時いつも、自分のどこが悪かったのだろう?、どこを直せばいいのだろう?、と思いながら生きてきました。人に嫌われたくないという思いがあまりにも強く、人の顔色ばかりをうかがっていました。でもこんな自分を丸ごと受け止めてくれたのは、夫であり、長女でした。二人はいつも私を必要としてくれました。

そんな中、自分自身の価値のようなものを感じられるようになった頃、智生が生まれました。障害のある子の母になり、自分は差別されて当然な人間のように思いました。また卑屈な思いが溢れてきました。けれど、それは大きな間違いでした。障害をもって生まれてきた智生を産んだことが悪いわけでも、差別をされて当然なはずもないということを、「智生はそのままでいい」と言ってくれたひまわり教室の先生が教えてくれました。智生がそのままでいいと言ってもらった時、私もそのままでいいと言ってもらえた気がしました。障害があることに偏見をもっていたのも、自分を認めていなかったのも自分自身であったことに、智生が気づかせてくれました。人とつながりをもって生きていこうと決心させてくれたのも智生でした。

私は自分の自尊感情の低さを感じていたので、智生には障害があってもみんなと一緒なんだということを実感することを通して、智生の自尊感情をしっかりと育んでやりたいと思いました。そして、今の智生を眺めてみると……いつも朗らかで元気に毎日を過ごしています。ジェスチャーで一生懸命自分の気持ちを伝えようとします。姉弟ゲンカもします。そんな彼を日々見ていると、卑屈さを感じません。逆に、智生のそばにいると、朗らかな様子に元気が出たり、ホッとしたりします。実際に、自分の好きな人を見つけ、仲間や理解してくれる大人の人とのつながりを作ってきたのも、智生自身だったなと思っています。逆に、私は「智生のお母さん」だからということで、気にかけてくれる人たちと出会え、今の地域でのおつきあいがあるように思います。智生の同級生たちにも「おばちゃん」と声をかけてもらい、楽しく話せるのもやはり「智生のお母さん」だからだと思います。

智生はまた、学校生活を通してずいぶん成長したように思っています。日々たくさんの言葉にふれ、理解をどんどん深めていきました。それに、マイペースに自分の思いを押し通すのではなく、相手の言葉や表情、その場の雰囲気で状況を把握し、その状況に合わせた行動を少しずつ取れるようになりました。長女の小学校の卒業式では、大騒ぎして「勘弁してよ」と長女から苦情を言われていましたが、中学校の卒業式では「智おらんかったみたいやったわ。どこにおるか捜したくらい静かやったよ。がんばったね」と言われ、嬉しそうにしていました。智生が地域で暮らしていたからこそ、これらのことを獲得できたのだと思っています。智生を育ててくれた「地域」に、そこで出会えたたくさんの方々に、今、本当に感謝の気持ちでいっぱいです。

私は智生と長女真那を育ててきて、二人から本当にたくさんのことを教えられました。そして、ようやく障害のある人への偏見や卑屈な自分からは、卒業できそうな気がしています。けれど、人として、母として、自信が持てているかと考えれば、まだまだ遠い気はします。でも、弱い部分や失敗が多い自分でもいいのかなと考え始めています。

いつも私を温かく見守ってくれる夫と出会い、智生と真那の母になれて、本当に良かったと思っています。

第六一回　全国人権・同和教育研究大会（二〇〇九年）

六、その後のこと

地域でのたくさんの経験を経て、智生は現在二十九歳になり、パッチワークという通所施設に通っています。中学校を卒業してからを振り返ると、生活がガラリと変わり、毎日会えていた同級生や先生方とも会えなくなり、智生は戸惑い、少しイライラしているように見えました。私もそれまでの仕事を辞め、智生の高校生活を全面サポートするつもりでいたので、それが叶わず、ポッカリと胸に穴が開いてしまったような気持ちになっていました。

そんなある日、智生の同級生が何人かで家に遊びに来てくれました。思わぬサプライズに、智生も久しぶりの再会をとても嬉しい表情で喜んでいました。友人たちは、みんな懐かしそうに「久しぶり」「元気やったか」と声をかけてくれました。夕食を食べていくことになり、私が準備でバタバタしていると、いつの間にか一人が智生に食べさせてくれていました。「大丈夫？」と聞くと「うん」と答えてくれたので、お願いして私は台所に戻りました。その後「智生、ゴメン！」という声が聞こえました。「どうしたのかな？」と様子を見にいくと、智生に食べさせてくれた子が、何度も智生に謝っていました。どうやら、口に入れたものがまだ熱かったようでした。友人は何度も智生に謝っていましたが、智生は顔を横にプイッと向け、怒っていました。私は少し驚きました。家族と食事をしている時も、熱さが抜けていないものを口に入れてしまうことはよくあることです。でも家族にはそんな態度はしません。「ゴメン」と言うと「しょうがないな」という感じの顔はしますが、怒る表情はせず、すぐに食事を再開します。だから、こんな智生の様子を見たのは初めてでした。智生にも友人にしか見せない顔があるんだ、と思いました。もう一つ感じたのは、食事を食べさせてくれる子、水を飲ませてくれる子、智生が食べやすいようにお菓子を並べてくれる子、どの子も「やってあげてる感」が全くないということです。ごく自然にやっているその様子がとても嬉しくて、学校生活の中でもこの子たちに何気なくサポートしてもらっていたことがたくさんあったんだろうなと思いました。地域の子として頑張って育てて良かったと、また感じた瞬間でした。

私たち家族にも様々なことがありました。まず、思い浮かぶのは私の母が十年前に他界してしまったことです。夕方に電話で話をしていた母が、その夜に心筋梗塞で亡くなりました。私にとって、智生の子育てを見守り、温かく支えてくれた最大の味方でした。そんな母が、ある日突然いなくなってしまいました。一生でいちばん悲しい日でした。あまりの悲しみに、何も考えられない状態になりました。けれど、悲しみにくれてばかりではいけない。自分の生活を取り戻さなければ智生にも申し訳ないと、自分を奮い立たせることができました。くったくのない智生の笑顔が、私をずいぶん癒《いや》してくれました。

また、他県で就職していた長女にも様々なことがあり、退職して家に帰ってきました。帰ってきた当初は、心が折れてしまった無気力な状態でした。私はそんな長女を励まそうと毎日外に連れ出したり、たくさん話をしたりすることを心がけていました。娘のピンチを何とか救ってあげたかったけれど、長女の心はなかなか晴れないようでした。その頃、智生は、いつも長女の側《そば》にいて、ごろんと寝転がっていました。以前は、大好きなお姉ちゃんに身振り素振りで、自分がやって欲しいこと（歌を歌ってもらったり、絵を書いてもらったり）を猛アピールする智生でしたが、その時はいつもと違うお姉ちゃんを感じ取り、黙ってただ横に付き添っているように見えました。今は、元気に働いている長女ですが、時々当時を振り返り、「智生が黙って私の横にいてくれたことで、いちばん心が癒された」と話していました。私も長女も大ピンチの時に智生に助けてもらいました。いつもは何かと手がかかる息子ですが、家族のピンチを救う我が家の長男です。

最後になりましたが、ひまわり教室発足五〇周年おめでとうございます。今、私たち家族が心穏やかに生活できているのは、ひまわり教室との出会いがあったからです。ひまわり教室に出会い、障害があってもよいのだ、と思えるようになりました。同時に、私の中に障害のある人に対する差別意識があることも気づきました。障害があっても、地域の学校に行けることを知りました。地域の学校での生活は、智生にとっても私たち家族にとっても、とても貴重な体験が一杯ありました。智生と心を通じ合える友人たちとの出会いがありました。「智生君はそのままでいいんですよ」という徳田先生の言葉に出会わなければ、私は智生とこんなに向き合って生きてはこれなかったと思います。ひまわり教室、これまで温かく支えていただいた先生方には本当に感謝しています。これからも障害があってもよいということを、育ち合うことや生き合うことの大切さをたくさんの方に伝えていって欲しいと思っています。私たち家族もずっと応援していきます。

自分と向き合い、愛絆《あずな》と生きる

藤本（旧姓 酒井）美耶子

一、愛絆《あずな》の生い立ちから障がいの診断

娘の愛絆は二〇〇八年二月に生まれ、現在七歳で、地域の朝日小学校の特別支援学級（肢体不自由）に在籍し、毎日元気に登校しています。初めに、愛絆の生い立ちから簡単にお話させていただきます。

愛絆は妊娠中に口唇口蓋裂の奇形が分かり、私はかなりのショックを受けましたが、治る奇形だからと自分に言い聞かせ、出産を迎えました。私が二〇歳の時のことです。出産後、診察どおりに口唇口蓋裂《こうしんこうがいれつ》があり、それに加えてチアノーゼが出たため、念のためにと県立中央病院に運ばれました。その日のうちに病院に呼ばれ、心臓にいくつか欠陥があることを先生から話されました。その日から一か月間ほど毎日のように愛絆に検査があり、たくさんの管や点滴で、抱くことさえ一苦労で、そして次は何を言われるのだろうと、不安で怖くて生きた心地がないまま過ごしていました。

一通りの検査が終わり、結果をできるだけ家族と一緒に聞いてほしいと言われ、いい結果ではなかったのだろうなとはなんとなく思っていました。その結果は、予想をはるかにこえたものでした。検査の結果、愛絆には両耳重度難聴、左目の視力は期待できない、気管が狭くなることで呼吸がしづらい口頭軟化症、ミルクをすぐ吐く嚥下《えんげ》障害などがあり、総合するとチャージ症候群と診断されました。私は最後まで聞くことができず、ただただ泣き崩れ、真っ暗な闇の中に突き落とされたようでした。

それからは夢か現実かも、一秒先の未来も分からないような日々で、妊娠中の生活が悪かったのか？　どうして私に障がい児が？などと自分を責めたり、何で？　何で？と答えが出るわけもない疑問に苛《さいな》まれたりで、毎日のように涙がこぼれ、私の人生は終わった、と思いながら過ごしていました。

診断後間もなくして、嚥下障害によりミルクを吐いてしまい、このままでは体重が増えず成長に影響が出るとのことで、胃ろう造設の手術をしました。この時に同時に、人工呼吸器を外すために気管切開もしたらどうか、と医師に勧められました。けれど、胃にも喉にも穴をあけるという想像できないことに、私はなかなか覚悟を決められずにいました。愛絆の場合、気管切開に関しては一度開けると簡単には閉じられない可能性が高いと言われ、じっくり考えて決めたいと時間をもらいました。胃ろうも不本意ではあったのですが、避けられないということで胃ろう造設の手術だけを受けました。しかし、後日に愛絆が自分で呼吸器を外してしまい、再度挿入ができず、覚悟もできていないうちに緊急に気管切開の手術をすることとなってしまいました。そして、あっという間に鼻と口の管がなくなり、すっきりとした顔になっていました。

術後、管も何もないすっきりとした愛絆の顔を見たのは生まれた瞬間以来で、愛絆自身も身軽な表情をしていたのを今でも覚えています。自分で呼吸器を抜いたのも、なかなか覚悟ができない私がもどかしく、「私はこれが邪魔なの！」と私の背中を押す行動だったのかな？と、今の愛絆の性格をみていると、何となくそんな気もします。

二、ひまわり教室との出会いと自分との戦い

管がなくなり入院している必要がなくなったので、私が痰《たん》の吸引と経管栄養の注入に慣れてしばらくした頃に無事に退院できました。生まれて半年以上経ってようやく、愛絆と一緒に暮らすことができました。

退院と同時に私は、愛絆と一緒に実家に帰ることを決めていました。愛絆が生まれ、障がいがあると診断されて、私は不安定な気持ちを全て夫にぶつけていたと思います。当然のように喧嘩

は増え、修復不可能なほどに溝ができ、愛絆が一歳を過ぎた頃に離婚をして、一人で育てていくことを決めました。

入院していた頃は、愛絆と暮らすことを待ち望んでいたはずなのに、言葉はもちろん、声も出なく、表情も乏しく、痰の吸引と経管栄養の繰り返しの毎日に、育児をしているというより介護のようで、愛絆をかわいいと思えませんでした。そして一人で育てていかなければならないという重圧と不安で自分に余裕が全く持てず、なかなか愛情を持てずに過ごしていました。

そんな中、白山市の障害福祉課の方から、ひまわり教室を紹介していただきました。少し愛絆と離れる時間がほしいと思っていたということもあったのですが、見学に行った時のひまわり教室の明るい雰囲気と活動に惚れこみ、何より愛絆を快く受け入れてくれたことが本当に嬉しくて通室を決めました。

入室当時の私は、周りのお母さん方が我が子をしっかりと愛情で包んで育てているように見えて、どうして私にはそれができないのだろう……、なぜ愛絆を一番に考えてあげられないのかと、愛絆に愛情が持てない自分が情けなく、悩んだ時期もありました。

ひまわり教室では月に一、二回相談日があり、私は満仁﨑信世先生に自分の悩みなどを聴いてもらいました。自分だけで心の整理がつかなくなると、相談日以外でも信世先生に電話したり直接会ったりして、話を聴いてもらいました。

愛絆が生まれて七年経って、「今では愛絆を心から愛して受け入れています」と言えば、それは嘘になります。戸惑いはあってもそんなに時間がかからず、障がいをもった我が子をすんなり受け入れる親も中にはきっといるのでしょうが、私の場合、時間をかけて受け入れていっている途中です。

その途中に起きた出来事の中で気付いたことは、どうしようもない時以外は人に頼らないなど、愛情ではなく意地と責任だけで育てていたこと、私はこれから一生母親としてだけ生きていかねばならず、自分の人生はなくなったと思っていたこと、この子がいる限り私は泣き続け、幸せになることはないと被害者気分でいたこと。

私は障がいを持った子どもを授かった自分が可哀想で、自分で自分に同情して、愛絆は私を苦しめるために生まれてきたと思い込み、無意識のうちに愛絆を加害者のように思っていたことに気付きました。それに気付いてから、こんな感情をもった自分が母親でいていいのか、このまま育てていけるのかと、自信がなくなり混乱した時期もありました。そんな母親でいる日々が苦しくて、先が見えなくて怖くて母親をやめたいと、ずっと心の中で叫んでいました。

そんな思いを持ちながらでも、頭では、まず愛絆の母親であるという現実を受け入れていくことから始めていかなくては前に進めない、と分かっていたのです。けれど、なかなか心が追いついてこないのが現実で、愛絆が体調を崩したり精神面のバランスを崩したりなど、日常がうまくいかなくなると、すぐに愛絆の障がいのせいにして愛絆にあたってしまう自分がいました。そんな自分を受け入れることはできず、もがきました。むしろこんな醜い部分を持った自分を受け入れていいものなのか？　醜い部分を捨て去ることができてはじめて、愛絆を受け入れることができるのではないか？と疑問に思う時もありました。

私の中に理想の母親像というものがありました。それはどんな時も子どもを一番に考え、常に愛情いっぱいに育ててあげる母親です。私には周りのお母さんがそんな母親に見えて、私もそうならなくてはと、なおさら焦り、どうしてそうなれないの？と自分を責め、負のスパイラルからなかなか抜け出せないでいました。

そんなふうに私が心のバランスを崩すと、愛絆は何かを察するかのように、決まって体調を崩すのでした。そうなると私も自分一人では解決できず、信世先生にいつも助けてもらいました。その時に、「理想の母親なんてないんだよ。それは酒井さんが自分で作っただけで、そんな完璧なお母さんなんていないよ」と言われたことがあります。私は完璧な母親像を描いていた自覚はなかったのですが、私が決めた母親像はレベルが高く、それが重くのしかかり、自分で自分を苦しめていたのでした。

理想の母親像と思っていた周りのお母さん方に日々の育児の話を聞いていると、どんなお母さんも、当たり前なのだけれど、やはりそれぞれの悩みや奮闘はあって、共感できることがたくさんありました。そんな話を聞いていると、自分が悩んでいたことも、母親になろうとしている、母親だということを受け入れることへの入り口に入ろうとしているから苦しいのかな？と思えました。

三、地域への壁

こんなふうにそれまでは自分との戦いだったのですが、愛絆の就学に関する白山市の教育委員会との話し合いは、私がぶつかった初めての社会の壁でした。私の中で愛絆を特別支援学校へという選択肢は全くというほどなく、地域の小学校へ入学させることはずっと決めていたことでした。先輩のお母さん達の話などをよく聞いていたので、すんなり地域への学校へ入学できることはないと覚悟していたのですが、実際の話し合いは想像以上で、かなり難航して辛いものでした。

まずはじめに、特別支援学校のほうが愛絆の可能性を伸ばしてあげられる、と特別支援学校を勧められました。私は、自分の地域への気持ちは揺るがないことを話しました。けれど話がいい方向には進まず、教育委員会の方と一緒に、見て話を聞くだけということを前提に、特別支援学校へ一度見学に行きました。校内を見学している途中、説明の中で「ここでは社会へ出た時のために~しています」「社会へ出るために~しています」という言葉がたびたび聞かれました。

私は「見学の感想はこれが一番」と言っていいほど、この言葉に違和感を覚えました。私は、愛絆に対して将来、社会へ出るための教育をしてほしい、と求めていたのではないのです。

たくさんの親子がいていろんな思いや悩みがあって、特別支援学校へという選択もあると思います。私は決して特別支援学校を否定している訳ではなく、見学の際に、確かにそれぞれ専門分野の先生がいたり、その子に合った授業をしたりしているのを見て、特別支援という名前だけにこまかな配慮があるなと思いました。けれど愛絆の場合、ここでしていることは日常生活の延長線のように見えました。例えば、今できることをもっと細かくうまくできるように、できないことや苦手なことをできるように訓練して、将来社会へ出た時に対応できるようにと取り組んでいるように思え、それがわざわざ地域から離れ、特別支援学校に通ってまで習得しなければならないものとは、私には感じられなかったのです。

そんなふうに特別深く掘り下げて訓練しなくても、地域の小学校に通う日常生活の中でもエレベーターをむやみに使わないようにすれば歩く訓練につながるし、簡単な手話を周りにも覚えてもらえれば会話につながるし、少しの工夫と協力で特別支援学校での訓練は地域の小学校の日常生活でも十分できると思いました。

もっと細かなことを言うと、普通に生まれた健常児は大きくなると当たり前のように社会へ出ますが、障がいを持った子は将来社会に出ることが目標で、そのためにいろんな訓練をしているように思えたのです。私は、大人になって社会に愛絆を入れるのではなく、小学校という子ども社会の中で愛絆という一人の人間を認めてもらい、地域の子ども達と一緒に学習から友達関係などいろんなことを学べるようにし、そこから自分自身で生きていく力や知恵につなげてやってほしいと思ったのです。愛絆は今もこの先も、少なからず誰かの手助けや協力を得ながら生きていかなければならない場面がある、そんな時に私や誰か大人が代弁して頼むのではなく、自分で自然と行動できるようになってほしいと思ったのです。愛絆にその力がちゃんと潜んでいると私は信じ、その力を生みだしてさらに強くしていくには、まず地域の小学校に上げることではないかと思ったのです。

見学前の学校教育課との話し合いの中で、初めから「地域へ」と言っているのは愛絆の障がいを認めたくないから地域へとこだわっているのか？と、地域にこだわる自分自身の明確な思いが分からなくなる時も正直ありました。しかし、見学の後に家族内で話したり、上のような思いを再確認できたりして、特別支援学校の見学で、私の中の「地域へ」の思いはより強いものとなりました。

学校教育課にとって見学は、私が少しでも心変わりしてくれることがねらいだったのでしょうが、逆に地域への思いが強くなった私に、今度は、「お母さんの付き添いがあっても地域への入学は難しい」と、とどめをさすような残酷な話がありました。話し合いが始まった当初、最終的には、医療的ケアを必要とすることから付き添いする、ということで入学が決まるのだろうと思っていたので、課長の言葉は本当に衝撃的で、悲しいものでした。付き添いをすること自体納得できないのに、それをしても入学を拒否されることは、障がいがあるという理由だけで愛絆を健常児とバッサリ区別されたことを実感した瞬間で、本当に悔しい思いになりました。あまりの悔しさに感情的になり、私は「準備が整うまでどこにも通わせず、学習は自宅で私が教えます」と話し、その場を去りました。

祖父母も、愛絆を地域の小学校に入れたいという私の思いに賛成してくれていました。むしろ地域以外の想像や選択肢はなかったと思います。ですので、学校教育課との話し合いに打ちのめされて帰ってくる私を、いつも励ましてくれていました。

そして後日、学校教育課の方から支援学級に在籍することと、家族が付き添うということを条件に、やっと入学を認めてもらうことができました。気付けば三月になっていました。

四、地域での出発と洗礼

やっとの思いで地域の小学校への入学は決まりましたが、その頃の愛絆は、四年以上通った居心地がいいひまわり教室からいきなり大きな集団に入ることが理解できず、それに抵抗することと対応することが混ざり、ひどく困惑していました。頭皮が見えてしまうくらい自分の髪を引きちぎったり、泣いたり怒ったりと情緒不安定になっていました。

入学式の当日も愛絆は泣き暴れ、私達親子だけが涙があふれ、私はとんでもない所に愛絆を入れたのではと、先行き不安のスタートとなりました。

しかし、意外にも次の日から、髪の毛は引っ張るものの、泣き暴れることはなくなりました。

毎朝、学校に行く前にお気に入りの動物カードを一つ選び、心のお伴として握りしめて学校に向かい、学校でもその動物カードをじっと眺めては時折、髪を引っ張ったりしていました。そんな愛絆の姿は、環境の変化に抵抗したい気持ちはあるけれど、必死に今の環境に対応しようとしているようにも見えました。それを裏付けるように愛絆は、「学校に行かない」と言うことはありませんでした。

私自身もひまわり教室から地域という社会に出て、愛絆の戸惑う姿に対応しフォローしなくてはという思いと、地域で生きていく恐怖心、不安と、日々の付き添いという駆け足のような毎日で、日々があっという間に過ぎました。

付き添いをしていると、やはり親として見たくなかった、聞きたくなかったという場面が時々ありました。今でも忘れられないのが、付き添いをしているからこそ見た、私が直面した最初の学校での洗礼です。それは四月の給食の時間のことでした。愛絆はミキサーにかけたペースト状の食べ物を口から数口食べていたのですが、愛絆の目の前の子が愛絆に向かって「あずな、汚い」と顔を引きつらせて言って、ずっと下を向いて給食を食べたのです。汚いという言葉自体もそうなのですが、その子は普段から積極的に愛絆に関わってくれている子だったのでなおのこと、すごくすごくショックでした。

子どもの純粋さゆえの直球に、私は今すぐにでもその場から立ち去りたくなるほどの、かなりのダメージを受けました。周りに子ども達がいたので涙をこらえるのに精一杯だったのですが、ふと気付くと、隣にいた愛絆が机の下に潜り込んで泣いていたのです。耳が聞こえていない愛絆に友達の言葉が聞こえていたわけはないので、何が原因で潜り込んで泣いていたのかは分かりませんが、それを見て私はたまらず涙が溢れてしまって、給食どころではなくなりました。

今思い返すと、そんなことで大号泣してしまった自分に少し笑えます。しかしその頃の私は、それまで居心地のいいぬるま湯に何年も浸かっていて、周りからの何気ない言葉や態度などに免疫がなく、この時の直球は初めてに近いことだったのです。免疫がなくても、そんなこともあることは予想していましたし、覚悟もありました。それでも実際に起きるとすごいダメージで、次の日学校へ行ける自信がありませんでした。

実際次の日学校へ向かう足取りは重く、行ってみて耐えられなければ早退しようと、そんな気持ちで行きました。しかし、教室に入ると「あずなちゃん、おはよー！」といつも通りの雰囲気に、どことなく重い気持ちも少し晴れたのを覚えています。担任の先生から、昨日の出来事を見て交流学級の担任の先生がみんなに愛絆のミキサー食についてお話をしてくださったと聞きました。小さな出来事にも関わらず早急に対応してくださった先生、ショックに打ちのめされている私に出来事の直後の昼休みに心配して話を聞きに来てくださった当時の校長先生、そんなふうに学校内での私に対するフォローが本当にありがたく感じられました。そして何より驚いたのが、前日愛絆に「汚い」と言った子が、給食の時間に私の横にきて「あずなの給食、一口食べてみていい？」と言ってきたのです。先生はいったいどんな魔法の言葉をかけたのか、私は驚くばかりでした。一人が食べると自然と子どもが群がり、何人かの子どもがミキサー食を食べ、様々な表情をして満足そうに自分の席に戻っていくのでした。

この出来事で私は、付き添いをしているからこそ直面した、聞きたくなく、聞かなくても見なくてもいいことがこんなにも大きなダメージを与えることを知り、この先の付き添いに不安が大きくなりました。その一方で、子どもにとって先生という存在がどれほど大きいかを感じることもできました。担任の先生はこの先、ものすごく貴重なキーパーソンになってくるなと感じられた出来事でした。

五、署名活動をして

二〇一四年の夏に、「白山・野々市つながりの会」で、医療的ケアを必要とする子どもへの看護師配置等を求めた要望書に添付する署名を集める活動を、一か月半ほどかけて行いました。

入学時に決まった、登校から下校までの付き添いをしている中で私は常々、「苦しいことだけど、この付き添いは今後何かに活きると信じて今は耐えよう」と言い聞かせていました。黙って耐えること以外、私ができることはないのかな?と思っていた時に署名運動が決まったので、「待っていました‼」と言わんばかりに私はやる気満々でした。愛絆と家族も、一緒に頑張ってくれました。

署名の数で看護師配置決定が左右されるわけではなく、多く集めてもどういう結果になるかは分からないとのことでしたが、愛絆を地域の人達に知ってもらえるきっかけにもなると思い、暑い暑い真夏のことでしたが、二人で鶴来の町中をたくさん歩きました。一人一人にどれだけ伝わったかは分かりませんが、愛絆を隣に立たせて、簡単に愛絆の体の話をして付き添いをしていることを説明しました。「ふーん」といったシンプルな返事や、「可哀想な子やね」など様々な声がありましたが、だいたいの方は、署名を求めると応えてくれました。もちろん、賛同できないという意見から「そんな子をわざわざ健常の子と一緒にすることは間違ってないか？　全く理解できない」という厳しい声もあり、最初の意気込みがなくなり、少し臆病になったこともありました。しかし、それでもめげずに頑張れたのは、近所の方に署名をお願いした時に「私も友達、会社、親戚を回るし、紙もっともらえる？」と一緒に頑張って応援してくださる方が一人や二人ではなかったからです。たくさん集めてくれた署名の束に「応援しとるからね‼」と一言貼ってあったりして、人の温かさを知ることができたりした出来事となりました。

約二、二〇〇名分の署名を、九月に要望書と一緒に当時の白山市長と教育長に提出しました。市長から前向きな回答を聞くことができました。

六、地域で生きることの見直し

入学してからの一年は本当に早く、あっという間に二年生を迎えました。一年生の頃、私は付き添いに慣れることに精一杯で、学校から帰ると一気に肩の荷が下りるのかあまりやる気が起きず、夜には愛絆と一緒に一瞬にして眠りに落ちるという生活でした。ですので、町内の子ども会行事にまで参加する気力や意欲がなく、ほとんど参加していませんでした。ちゃんと行かないと、とは思うのですが、付き添いを自分の中での言い訳にして日々の大変さで時間がないとアピールをしていたので、子ども会には名前は載っていましたが、お知らせのたよりが届けられるだけで、強く参加を求められることはなく、これ幸いにと私は一年を過ごしていました。

しかし二年になって私に余裕も少し生まれ、あまり遅くなって行くのは気まずいし、そろそろ行かないと、とやっと重い腰を上げ、行事に参加しました。町内会の行事に出なくても地域の学校には行っているし、同じ学年の子どもも多いしということで、出ていなかったことをさほど気にしてはいませんでした。しかし、現実はそんな甘いものではなく、いざ行事に参加したところ、愛絆に対して周りはどう対応したらいいのか分からないようで、私達は浮きに浮きまくり、孤立していました。

そして出来事は続くものです。同じ頃学校で、ランチルームで学年合同で給食を食べることがありました。その時偶然にも、愛絆の前の子が同じ町内会の子でした。しかし、クラスが違ったということもあり関わりがなく、その子は愛絆の前では食べたくないと席をずらして移動して食べたのです。これは前の席が誰であろうがショックなことなのですが、私は同じ町内の子どもだったことがいちばん大きくひっかかりました。一年間学校に行くことでどこか満足していて、町内の子ども会に愛絆が参加できる機会があったにも関わらず、サボっていたことの結果を目の当たりにしました。

私は何のために、何を思って、愛絆を地域の小学校へ入れたのか、改めて考えさせられました。地域の中の最も近い所で愛絆はお客さんになっていたことに気付き、自分の中の思いをもう一度自問自答して確認できました。現在は愛絆が参加できそうなものは出席し、町内会の人達との溝を必死にうめて、地域でもう一度生き直しをしています。

七、みんなと一緒に

二年の交流クラスは、一年生の時の友達の三分の二が替わりました。教室の場所とメンバーの変化に、愛絆に多少の戸惑いは見えたものの、さほど時間をかけずに周りも愛絆も順応していたように見えました。そして嬉しいことに、二年の交流学級の担任の先生もたいへん熱心で、協力的な先生のおかげで、初めて同じクラスになった子どもも手話を使い、愛絆と関わろうとしてくれています。例えば、朝の会の時の当番は、手話を交えて進行してくれています。子ども達からの発案で手話係という係もでき、毎日一つずつみんなが手話を覚えてくれています。そんなありがたい働きかけに愛絆本人は、分かっているのかいないのか、周りに対してとてもクールです。私はもどかしい気持ちになってしまいます。でも、友達が手話で「次、なかよしやよ」というと、しっかり理解してスタスタとなかよしに向かっています。普段クールな対応の愛絆だけに、自分のアクションに愛絆が反応すると、友達たちはすごい笑顔で私に報告しにきてくれます。私はせっかく周りが愛絆に対して関わろうとしてくれているのに、あまりにクールだと関わってくれなくなる、嫌われるのではと心配になったりします。でも意外とそんな心配はいらず、子ども達は愛絆が反応すればラッキー！みたいな感覚なのだろうなと思います。中には反応するまで同じ手話を繰り返す子もいます。そうなると愛絆は、この子は早めに反応しておこうといった感じで対応します。そんな子ども同士の関わりに、たまにおかしくてたまらない時もあります。

そんな中、私は一年生の時から気になっていたことを先生にお話しました。

一つは、休み時間になると、愛絆がなかよし教室に行って休み時間を過ごすことについてでした。なかよしで授業が続く場合はともかく、交流の時間が続く場合にもわざわざなかよしに行くことがあり、私はとても複雑な思いでした。休み時間はいちばんいろんな友達と関われる時間です。なかよしで過ごすと関わる友達がいつもだいたい同じで、限られてしまっていました。それになかよしにはいろんな遊び道具もあるので、なかよしで遊びたいから愛絆ちゃんと遊ぶ（なかよし教室には愛絆がいないと他の友達は入れない決まり）というふうに見える時もありました。支援員さんが愛絆や私のことを考えて行動していることは分かっていたので、それだけになかなか気持ちを伝えることができずに過ごしていました。

もう一つは、愛絆のそばに常時、先生か支援員さんがいることについてでした。このことについても、私はモヤモヤした気持ちでした。学校側としては安全を考えた配慮なのだと思います。しかし愛絆は確かにやんちゃなところもありますが、他の友達と一緒の子どもの一人です。

私はこの二つが本当に気になって複雑な思いでいました。学校側も悪気があってのことではないと分かっていたのでなおさら言えず、それが私のストレスでした。

本当にたまに数分の間、愛絆が一人になる時がありました。そんな時は自分でするしかないと思って、自分から作業をしている愛絆の姿を目にすることがありました。それを見て、常に隣に大人がいることはどうなのかという疑問が、常に大人が付いているのはよくない、という確信に変わりました。私は少し離れた所にいて、必要だなと感じた時や愛絆から助けなどを求められた時にそばにいくことで十分だと思いました。

さらにもう一つ、大人が子ども同士の壁になっているなと感じた出来事がありました。クラスの中にとても目立つ中心的なA君がいるのですが、その子はあまり愛絆との関わりはない子でした。無理やり強制してクラス全員と愛絆を関わらそうとは、私も思っていませんでしたし、A君と愛絆の関わりがないことは気にはしていませんでした。

ある日、愛絆が教室の床に寝転がっていました。よくある風景でたまたま先生もいなくて、「またやっとるわ」と私も見て見ぬふりをしていました。その時、愛絆の姿を見たA君が席を立ち愛絆のところに来て、「立って」という手話を繰り返したのです。繰り返しに応答しない愛絆にA君は、今度は愛絆を抱きかかえ、「う～ん、おも～い！」と言いながら起こそうとするのでした。私はその姿を見て本当に驚きました。その日から、大人がいなくて愛絆を含めて子ども同士で遊んでいる時にだけ、A君も混ざって一緒に遊んでいることを何度か目にしました。

取り上げてA君の話をしましたが、交流学級の中に愛絆が気になるけれど、なんだか行きにくいと思っている子がいることを私は知っています。愛絆を支援しようと思っているつもり、子ども同士をつなげようと思っているつもりの大人の行動が、じつは案外必要のないものであるかもしれない。今の愛絆と子ども達を見ていて、そう感じることがあります。もちろん、子ども同士のことでも大人が介入しなくてはいけない場面もありますし、支援も必要です。この境界線がとても難しく、これからも課題の一つになっていくでしょう。私がどうして愛絆をみんなと同じ地域の学校に入れたのかを考えると、「できるだけ教室でみんなと一緒に」「大人は必要な時に」をきちんと伝えていかなくてはと思っています。

八、現在の私達

現在、無事に二年生の一学期も終え、夏休みをのんびり過ごしています。一年生の時は登校から下校までだった親の付き添いにも変化がありました。たくさんの方々の支援や協力のおかげで五月より一か月に四〇時間ヘルパーが派遣されることになり、私の負担も減っています。少しずつですが、確実に白山市の障がい児の受け入れも進んできています。そう思うと、私達当事者家族は声を出し、伝え続けて行かなければと再確認します。

愛絆は七年付けていたカニューレを取り外し、五月で切開部分を閉鎖しました。不安は絶えませんが、愛絆の世界がまた少し広まったのではないかと思っています。そして学校生活に慣れたからこその自己主張もあります。それが目に余るほどの時もあり、先生に申し訳ない気持ちと、先が心配になる悩みはあります。でも、愛絆の成長を信じていきたいと思っています。

最近、私の母（愛絆の祖母）は手話教室に通ってくれて、家の中でもなにげない会話の手話が増え、「早く愛絆とお話がしたいよ」と、毎日愛絆に語りかけてくれています。父は愛絆を連れて、二人でよく買い物に出かけてくれています。そこでいつも愛絆にせがまれ、何か一つ買わされて帰ってきます。昔に私が愛絆のことでどうしようもなくなり、愛絆を入所させると言った時がありました。その時に一人だけ最後まで反対して、「入所させるならわしが育てる」と言ってくれたのは父でした。そんなふうに愛絆を心から可愛がってくれています。家の中ではどうしても甘えから愛絆が我がままになってしまい、怒り役の私の雷がよく落ちますが、母が愛絆を好きなお風呂に連れて行って慰めてくれたりしています。そんな家族の存在は本当にありがたく、いつも私達を守り支えてくれています。

入学式の日に思った、地域の学校に入れたのは親のエゴではないかという疑問は、今もたまに湧いてきます。子ども同士のやりとりに、「中学はぜったい明和特別支援学校に入れよう」と何度も思いました。しかし、愛絆を朝日小に入学させてよかった、やっぱりこのままみんなといさせたいと思わせてくれるのも、また子ども同士のやりとりなのです。こんなことを繰り返しながら、まだまだ未熟な私達はいろんな方々に支えていただきながら、何とかやっています。

最初にお話した、愛絆と自分を受け入れることの葛藤についてですが、こんな被害妄想の激しい自分だけれど、本当に母親としての自分を受け入れる気持ちがないのならば、こんなふうな悩みさえも生まれないはずだから、悩みや醜い葛藤を持った自分であっても母親になりたいと思っている証なのではないかと、最近になって思えるようになってきています。醜い部分が捨て去られるのを待っていては、一生母親としての自分を受け入れるスタートを切ることができない。それならばいろんな感情を抱きながら、奮闘して私は愛絆と生きていってもいいのではないかと思うのです。

こんな私達ですが、山あり谷ありの中、少しずつ生きる力が強くなっていければと思っています。そしてその力がいつか何かの恩返しに繋がるようにと信じて、願うばかりです。この思いを胸に九月からまた二人で元気に登校したいと思っています。

母と女性教師の会（二〇一五年）

その後のこと

愛絆のいちばんの大きな転機として、七年付けていた気管切開のカニューレを抜き、閉鎖することになりました。胃ろうからの経管栄養の医療行為は引き続きありますが、痰の吸引がなくなるのは家においても学校においても負担の軽減になるので、愛絆の世界も広くなるもので、とても嬉しかったです。そしてもう一つの転機は、白山市で医療行為が必要な子どもに対して一か月に四〇時間、ヘルパーを派遣する制度ができたことです。これに伴い、お昼の注入はヘルパーがしてくれることになり、私の付き添いは二年の夏前には完全に外れることになりました。付き添いは本当に負担が大きく辛いものではありましたが、ずっと愛絆がどう過ごしているかを目の前にしていた安心感はありました。そのため、いざ付き添いがなくなると、今度は愛絆の様子を見ることができないことから、しばらくの間、心配と不安に苛まれました。

学年が上がっても愛絆に関する悩み、心配、不安はなくなることはなく、悩みの質も年を重ねるたび難しくなっていましたが、六年間担任の先生が変わることはなく、それは愛絆にとって小学校生活を無事に終えられた大きな支えの一つだったと思います。

大暴れの入学式から始まった六年間の小学校生活を思い返すと、付き添いで、見たくないことや聞きたくないことに堪えきれず、愛絆と涙したこともありました。そのたびに中学は支援学校に行こうと思いました。何度思ったか分かりません。でもその反対に、友達との関わりや地域の人達の支えに、何度も救われました。支援学校へ行けば、辛い出来事や健常の子達と愛絆を比べることもなくなり、私の精神面はかなり穏やかになることは予想できました。でも、私にとって支援学校の魅力はそれだけでした。愛絆の進路なのに、私にとって穏やかな道の選択は逃げのようでモヤモヤとして、そちらを選ぶほうが勇気がいることだと思いました。それで、やはりそのまま地域へ進むほうへ気持ちは固まっていました。

愛絆の中学進学の少し前、もう一つ私達にとって大きな転機が訪れたのでした。私は愛絆を、たくさんの人に支えられながらですが、ずっとシングルマザーで育てていました。そんな私達と共に生きてくれるパートナーができました。幸せなことに、愛絆とそのパートナーはとてもいい関係で、私もずっと一人だった重圧が軽くなり、共に生きてくれる夫という存在がこんなにも心強いものなんだと身に染みて感じました。

そんな転機のしばらく後に、世界中がパニックに陥るコロナがやってきました。我が家も例外ではありませんでした。コロナにより小学校生活もいきなり終了。新生活の中学校も入学してしばらくはステイホームで外出もままならず、愛絆の心はどんどん壊れていくのでした。もちろん中学入学による苦手な環境の変化や思春期という時期、妹の誕生など、いろんなことが関係していると思います。

愛絆も十三歳となると心も体も成長しているので、表現も小さい頃とは違いました。感情を全身で表し、自分をつねる、殴るといった自傷行為がどんどんものすごくなり、皮膚の色が肌色より内出血の紫色のほうが多い時もあり、一緒に入浴する時は目を覆いたくなるほどでした。胸が張り裂けそうな思いで、こんな状態がいつまで続くのだろうと途方に暮れる日々でした。

ステイホームも終わり学校が始まった頃も、愛絆は学校に行ける状態ではありませんでした。しかし担任の先生が「一〇分でも三〇分でもいいから少し学校に来てみませんか」と言ってくれたことをきっかけに、波はあるものの、少しずつ学校に行けるようになっていきました。最終的には午前中頑張り、給食を食べて帰宅するという中学生活を過ごしました。三年間を思えば、コロナで始まりコロナで終わった中学時代でした。愛絆の精神的な問題もあり、他の子ども達と関わることがほとんどできなかったのが残念でした。

けれど、二年生の時に新しく赴任された学年主任の先生が、とても愛絆のことを気にかけてくださりました。運動会などの行事の話し合いは、それまでは担任と私の二人だけが普通だったのですが、必ず学年主任の先生も話し合いに同席してくれました。また、普段から他の先生方が様子を気にかけてくれていたので、交流に行けなくても孤独感や疎外感を感じることはあまりありませんでした。

いちばん嬉しかったのは二、三年生の運動会です。二年生の時は先生のほうから、今回の玉入れは、カゴの周りにイスを並べ、イスに座って入れる人とその外側の円の外から立って入れる人がいるようにするのはどうか、と提案をしてくれました。周りのみんなが愛絆の目線で競技する提案に驚き、私は話の途中で次第に涙が溢れました。本当に嬉しかったです。三年生の時の運動会での驚きは、最後の記念撮影のことです。三年生の運動会の記念撮影ではセンターで写っているのです。すごく小さいことですが、隅に写る我が子しか見たことがない私にとっては、本当に嬉しいことでした。

交流こそできませんでしたが、先生方のおかげで、愛絆の心の状態が不安定だったという苦しい思い出だけが残るということにはなりませんでした。

義務教育が終わって、次は高校進学となります。高校については、障害の重い子を持つ先輩方を見ていて支援学校の選択しかないのだろうと思っていたので、支援学校へ進学を希望して進みました。しかしいざ支援学校に決まると、毎晩就寝前に、落ちる前提でも鶴来高校への受験をチャレンジできなかったのかな？　受けてみたかったなと、人が聞いたら笑われるようなことを、じつは思っていました。愛絆にはひまわり教室の頃から出会ってきた、たくさんの先輩がいます。その先輩達が残した足跡が、私にはとてつもなく大き過ぎて、私達は足跡をたどることだけで精一杯で、自分達の足跡は何も残せなかったのではないか。支援学校に決まった頃は、そのことをとてもよく考えました。もらうばかりの申し訳なさを感じて、余計に高校受験にチャレンジしなかったことが引っかかったのだと思います。愛絆の心の波はまだ大きかったので、私の思いだけでチャレンジできることではなかったのですが、少しモヤッとしたものが残った高校進学でした。

春になり、愛絆は女子高生となりました。セーラー服からブレザーに変わった姿は新鮮で、まだまだ制服に着られているようでしたが、とても成長を感じ感慨深いものがありました。

この時期に一度、大きな波がきました。自傷行為が激しすぎて私も止められず、頭を切るケガをするくらいのひどい大荒れがありました。起床してすぐのことで、何が原因でスイッチが入ったのかは分かりませんでしたが、不思議とその日を境に比較的穏やかな日が増えてくるのでした。もちろん自傷行為や心の波が完全になくなったわけではありませんが、大きな波が小さな波になってきているなと思います。

私が今、愛絆の母親としていられるのは、現在一緒に生きてくれている夫やシングル時代の両親の支えももちろんなのですが、やはり一番は、母親としての葛藤が大きく本当に苦しかった、ひまわり教室時代の支えがとても大きいと思います。あの頃は「今より辛く苦しいことが、この先あるのだろうか」と思うほど真っ暗闇の、人生のどん底期でした。そんな彷徨《さまよ》う私にずっと、「こっちだよ、こっちだよ」と光を絶やさず、照らし支えてくれたひまわり教室。今思うと、よく見放さず寄り添ってくれたと思います。もし私に同じことができるかと聞かれても、簡単に「はい」と言えるものではありません。

あの頃私は、何度愛絆を手放し、母親を辞めたいと思ったか分かりません。実際に、もう無理だから愛絆を入所させたい、と徳田先生と信世先生に伝えたこともあります。でも今も私は愛絆の母親でいます。徳田先生達に説得され、今まできたわけではありません。先生達は幼稚な私の思いを否定せず、ただそばにいてくれました。きっと信世先生や他の職員の方々は無意識でそうしていて、私もそれが当たり前のようになっていましたが、思い返すと、どんな時もそばにいてくれたように思います。ひまわり教室から一歩離れた今、年を増し、あの頃を思い返すたびに、どれほど心強い存在であったことかと思います。してくれたことのすごさを思い知ります。

あのどん底期を這い上がれたから、今感じる苦労もいつか笑いごとになるんだと、言い聞かせ、耐える力をつけてもらったように思います。しかし、力をつけてもらっても、愛絆のことで困った時は、やはり今でもひまわり教室に電話してしまいます。いつまで経っても変わらずで、お恥ずかしいところです。なので、いつまでも私の携帯の電話帳のよく使う項目にひまわり教室関係があるのです。お守りのようなところもあるので、たとえかけなくなったとしても、きっとこの項目から消えることはないのだと思います。

シングルマザーだったけど、私は決して一人で這い上がったのではないこと、一人で愛絆を育ててきたのではないこと、これは生涯忘れてはいけないと思っています。十六年前、毎日泣いていたあの頃は、よくタイムマシンに乗って将来私達はどうなっているのかを知りたくて、一〇年、二〇年先の未来を見に行きたい、と本当によく思いました。十六年後の今、悩みはやはり絶えませんし、時には未だに泣いてしまうこともあります。でも、よく思います。タイムマシンに乗って過去に行きたいと。泣いている私に、「また笑えるようになるから」「大丈夫だから」と、置き手紙でもなんでもいいからそっと伝えてあげたいです。

お父さんができ、妹と弟が増え、愛絆は三人きょうだいのお姉さんになりました。部屋は相変わらず大好きな動物のぬいぐるみにあふれていて、飼育できない動物園の園長さんのような愛絆。そんな愛絆と生きていく中で、この先も必ず辛いことにぶちあたることでしょう。でもあの頃を越える苦しい山はないだろうと、どこかで思えるので、「辛い時期も必ず笑い話になるから」と呪文のように唱え、私はひまわり時代の経験を自信に変えて、胸に秘めて、愛絆とこれからも生きていくのだと思います。

【突然の別れ】

藤本さんの文章をいただいてから数か月後、九月二八日に、愛絆さんが突然この世を去ってしまいました。十六歳でした。あまりのことに、私は激しく動転し、言葉が出ませんでした。

今年度に入って愛絆さんが過ごしにくそうだと聞いていました。お母さんから精神科にかかっている話も聞いていて、なんとかこの荒波を越えてほしいね、と語り合っていました。愛絆さんと同じように辛い時期を経験し、そこを乗り越えていった人たちを何人も見ていたので、私は愛絆さんもその人たちのようになっていくだろうと楽観していました。しかし愛絆さんは、荒波の中で短い生涯を終えることになってしまいました。

今年度に入り、愛絆さんの自傷行為が激しくなり、お母さんもとても心配していました。ただ、亡くなった日はいつもより穏やかに過ごしていたそうです。この日、両親と一緒に過ごしている中で、一度だけ後頭部をものにぶつけたのですが、その後も変わらずに過ごしていました。ところが数十分後、様子がおかしいと思い、お母さんが確かめたところ、愛絆さんはもう息をしていなかったそうです。この時のお母さんの気持ちを思うと、……。言葉になりません。

ここでペンを置きたくなってしまうのですが、少し休んで、もう少し書きます。

藤本さんは誠実で、自分に厳しい人です。責任感もとても強い。若くして母親になった藤本さんは本文にもあるように、たくさんの壁にぶつかり、そのたびに満仁﨑さんにＳＯＳを出し、満仁﨑さんの支えを大きな糧として、他の人がたじろいで身を引くような困難な問題にも正面から向き合い、一つひとつ乗り越えていきました。藤本さんの生きる姿から、私は人として真摯に生きることの尊さを深く学ばせてもらいました。

また、愛絆さんのおじいちゃんとおばあちゃんは彼女をとてもいとおしみ、大事にしていました。その姿に私は心を打たれ、励まされてきました。

愛絆さんは、しっかり自分を持っている子でした。表情などがその意志の強さを雄弁に物語っていました。愛絆さんは自分の思いが周りの人に理解されずにはがゆい思いをしたことも多かったと思います。ただ、もう少し年齢を重ねていけば、もっと違った関わりが育っていくはずだとも思えていました。それだけにこのような形での別れは無念でなりません。

愛絆さんの通夜には、多くの同級生が家族と共に参列していました。そこに愛絆さんと家族のみなさんが地域の中で生きてきた日々が凝縮されているように、私には思われました。

愛絆さんはこれからもずっと、私の心の中で生き続けます。

あず、ありがとう。あなたに出会えて、本当によかった。

徳田　茂

地域で共に生きる

中塚　沙知子

一、はじめに

娘の咲良《さら》に重度の障害があるとわかったとき、私は絶望しました。今までの世界が一変し、真っ暗闇の中に放り込まれたような感覚になりました。想像していたような育児をすることも叶わず、思い描いていた成長を見ることもできない未来に希望など持てませんでした。

「これからどうなってしまうのだろう？　いっそのこと、この子といっしょに消えてしまいたい」。そんなふうに思ってしまったこともありました。近所の人の目が気になり、世間からこの子を一生隠していかなければ、と勝手に思い込み、家に閉じこもって悲観していた時期もありました。

今現在、娘は十二歳になりました。地域の小学校をもうすぐ卒業します。地域の方々に見守られ、学校の先生方にサポートしていただき、地域の子どもたちと共に育った六年間でした。

娘が小さかったころを思い出すと、まさか地域の小学校に行くなどということは思ってもいませんでした。娘の障害を受け入れられず、悩み苦しみ、葛藤していた私にとって、娘と共に地域に出るということは、決して容易なことではありませんでした。

二、娘に障害があるとわかったとき

娘の咲良が生まれたのは、東日本大震災のあった二〇一一年でした。妊娠中は特に異常もなく過ごし、出産も陣痛が始まってから五時間ほどで、今思えば比較的安産だったと思います。吸引分娩でしたが、産まれた瞬間、小さな泣き声が微かに聞こえただけで、とても静かに生まれてきました。その後も、いわゆる赤ちゃんが泣くような泣き声がなく、母乳やミルクを飲む力も弱く、ずっと静かに眠り続けていることがほとんどで、とても心配しましたが、特に異常はないとのことで、産院を退院しました。

ミルクをあまり飲まなかったため、体重がなかなか増えず、一か月健診で「体重増加不良」ということで、大学病院に入院し、検査を受けることになりました。活気がない様子や、あまり泣かないことに不安を感じていましたが、検査の結果に大きな問題はありませんでした。体重の増え方や発達が少しゆっくりということもあり、病院には定期的に通うことになりました。生後六か月のころ、染色体異常の検査もしましたが、これも異常なしで、いくら検査をしても発達が遅い原因はわかりませんでした。

そして一歳になるころ、とうとう主治医から「原因はわからないが、成長がゆっくりで、普通の子に追いつくことは難しい」ということを言われました。目の前が真っ暗になりつつも、その言葉がどういう意味なのか、はっきり理解できなかった私は、「それは将来、普通のクラスで勉強することは難しい、ということですか?」と、混乱する頭を精一杯振り絞り訊ねました。「そういうことになると思います」との答えでした。

それは「障害」があるということ…? まだ一歳でこれからなのに、検査では問題ないのに、なんでそんなこと言うのだろう… 信じたくない気持ちでいっぱいでした。ちょっと発達が遅れているけれど、私が頑張れば追いつけるのではないか…。検査結果では異常がないのだからきっと大丈夫。そう自分に言い聞かせました。そのときは「障害」という二文字は信じたくありませんでした。

この子のためにできることはなんでもしようと、それからの毎日は必死でした。少しでも発達につながる刺激を与えたいと思い、理学療法、作業療法、言語療法、赤ちゃん体操、家でもベビーマッサージや絵本の読み聞かせ…。ネットを検索し、いろんな本を読み漁り、脳や発達に良いと聞けばなんでも試しました。しかし、夜になると不安と絶望感に襲われ、娘の寝顔を見ながら、声を押し殺して泣く毎日でした。

そして迎えた一歳半健診、会場で同じ年頃の赤ちゃんと娘の発達のちがいを目の当たりにして、私は保健師さんや栄養士さんの前で号泣してしまいました。その頃、娘は首はすわってなんとかお座りはできたものの、足の力が弱く、ハイハイやつかまり立ちなどもできず、手も不自由なのか絵本をめくることはなんとかできても、おもちゃで遊ぶことはできませんでした。また、目が合うことも少なく、私を母親と認識していないのか、愛着行動もありませんでした。

「やっぱりこの子は普通の子とはちがうんだ、障害があるんだ。こんなはずじゃ、なかった。普通の子が良かった。普通の子育てがしたかった。普通のお母さんになりたかった」。

いろんな感情が渦巻いて、私はすべてを憎みました。「どうしたら楽になれるだろうか」。悲観的な気持ちから抜け出せず、そんなことばかり考えてしまう自分がいました。

当時、仕事で帰りが遅い夫とは、時々ノートにお互いの伝言などを書き合っていました。そのノートを今読み返すと、毎日のように悲観的な気持ちばかり綴る私に対して、本来、楽観的で前向きな性格の夫からは、励ましの言葉が記されています。しかし、主治医からの障害告知のあった日のノートには、次のような夫の記述がありました。

これからの咲良の成長、学校に行くようになった咲良、大人になった咲良、いろいろ思い描いていたものが変わったかんじ。悲しい、つらい。楽しみがなくなったような気がする。

やっぱりめちゃくちゃショックやわ。でも、咲良が可愛いのは変わらないし、ちょっとずつ立ち直っていこう。いろいろ考えてしまうけど、下向いとったらいかん。ちょっとずつ前向いていこうね。

三、ひまわり教室との出会い

そんな頃、ある方からひまわり教室を紹介してもらいました。当時、まだ娘の障害を受け入れられずにいた私は、そんなところに通ったら娘に本当に障害があると認めるような気がして、見学することも躊躇していました。あまり気の進まない気持ちで見学に行ったところ、ひまわり教室の明るくあたたかい雰囲気に、なんだかとても安心できました。私も娘もありのまま丸ごと受け入れてもらったように感じ、すぐ、その日のうちに通うことを決めました。

教室に通う子は自宅までの送迎があったのですが、うちの場合は金沢市外で少し離れているため、車で待ち合わせ場所まで送っていき、そこから送迎してもらうことになりました。内心、ほっとしている自分がいました。なぜなら、「ひまわり教室」と教室名の入った車での送迎を、近所の人に知られたくなかったからです。そのころは、娘の障害をまったく受け入れられず、隠したいという気持ちしかありませんでした。

ひまわり教室には、いろんな障害のある子どもたちが通っていました。それぞれ障害の種類はちがうものの、子どもたちのお母さんたちとは障害のある子特有の子育ての悩みなどを話すことができて、自分だけではないのだと思えました。一人で抱えていた重いものが、少しずつ軽く感じるようになっていったように思います。

また、ひまわり教室代表の徳田さんの本を読むことで、少しずつですが、娘の「障害」を受け入れていったような気がしています。しかし、その「受け入れる」ということは、自分にとって容易なことではありませんでした。徳田さんの本の中で、とても印象に残った言葉があります。「生き直し」。それが、ひまわり教室に通い始めたころから今現在に至るまでの、私の主軸となっています。

「発達が遅い＝ゆっくりでもいずれ歩いたり話したりできる」という私の想像を遥かに越え、娘には「身体的にも知的にも重度の障害がある」と覚悟をし始めたのもこの頃でした。一時、発達が退行してしまい、口から食事がとれなくなり、経管栄養チューブ（鼻から胃までチューブを通し栄養剤を注入すること）をすることになりました。ある進行性の病気が疑われ、私や夫を含めた遺伝子検査など様々な検査をしましたが、やはり原因はわかりませんでした。はっきりとした病名がわからず、この先どうなってしまうのだろうという不安が大きく、一時は、ひまわりに行くこともできずに泣いてばかりの毎日でした。一方で夫は、静かに事実を受け止めているようでした。どうしてそんなに冷静にいられるのか、心配じゃないのかと問うと、「いろんな覚悟はもうできている。咲良は生きとってくれるだけで十分や」と言いました。目の前の娘の笑顔を見ていると、こうして笑ってくれているだけで十分なのではないかと、私もふと思いました。「何もできなくてもいい。生きてくれているだけでいい」と、ありのままの娘を受け止めなければ、とも思いました。

ひまわり教室では、そんな私の不安な思いを先生方が受け止めてくれました。経管栄養チューブになっても、根気よく口から食べさせてくれて、一年でチューブを卒業することができました。三歳になると、体力も少しずつ付いて、寝返りもできるようになり、精神面でも、まったく泣かなかった子が泣いたり、怒ったりと感情表現が少しずつ見られるようになりました。

四、初めての交流

四歳になった娘は、ひまわり教室の先生と一緒に週に一度、幼稚園に一年間の交流に行かせてもらうことになりました。ひまわり教室では毎年、一人ずつ順番にひまわりの近くの幼稚園に交流しに行く、というのが恒例でした。娘にとっては、同じ年齢のたくさんの子どもたちの中で過ごすことがとても刺激的な体験だったようで、その影響で成長を感じた出来事がたくさんありました。

娘は赤ちゃんのころから人やものに対する興味が薄かったのですが、交流に行き出した頃から近くの人をじっと見たり、手を伸ばしたり、声を出したりするようになりました。手の力も弱いため何かを持つことも難しく、ものにも興味がなかった娘が初めておもちゃを握ってくれたときは感激しました。食べ物をフォークに刺して手に持たせると自分で口に持っていき、食べることができたこと、足の筋力も弱くて床につかなかったのが、支えたり介助したりすることで立つ姿勢ができるようになったのも驚いた成長でした。

この頃は、娘をありのまま受け入れようとするあまり、諦めにも似た勝手な思い込みで、娘の可能性を考えないようになってしまっていました。しかし、幼稚園での交流が良い刺激になったことはもちろん、ひまわり教室での先生方の日々の取り組みのおかげでたくさん成長を感じました。

交流先の幼稚園での様々な体験は、娘の心を豊かにしました。「子どもは子どもの中で育つ」と感じました。そんな様子を通して、地域の保育園への入園を考えるようになりました。思いきって町役場に相談に行きました。窓口で話しているうちに思いが溢れて、いつのまにか泣きながら話していました。しかし、重い障害がある子どもの保育園入園は難しいのか、様々な理由で断られてしまいました。

五、地域の保育園での交流

五歳、とうとう年長の年齢になり、就学を考えなければならないときがきました。

支援学校か地域の小学校か、まだ就学先を迷っている段階でしたが、どちらの学校に行くにせよ、保育園での交流は良い経験になるだろうと思い、地域の保育園に交流に行こうと思いました。しかし、交流したいという思いはあるものの、なかなか一歩が踏み出せず、保育園に電話をかけるだけでも、とても勇気が必要でした。

交流初日はとても緊張しましたが、たくさんの子どもたちが周りに集まってくれて、たくさん質問してくれました。「なんで歩けんが？」、「いつから病気なん？」、「しゃべれんが？」。こうやって素直に質問してくれて、知ろうとしてくれて、とても嬉しいなと思いました。月に二回、数時間だけの交流でしたが、遊びに行くたびに、娘の表情がどんどん豊かになっていくのが感じられました。

子どもたちが「さらちゃん」と名前を呼んでくれたことが、なによりうれしかったです。「こっちに来て一緒に遊ぼう！」と声をかけてくれる積極的な子もいれば、遠くから気にして見ている子、あまり気にしない子、さり気なく声をかけてくれる子、時々きかんことを言う子、様々です。子どもたちの個性もいろいろで、みんなそれぞれに面白くて可愛くて、時々ケンカしながらも、お互いに育ち合っている豊かな環境がそこにはありました。

娘も、交流に行くたびにとても楽しそうな様子で、目をきらきら輝かせながら横にいる私に手を伸ばし、「あぅ〜♪☆あぅ〜♯♫」と声を出すようになりました。「楽しいね！　今日は何をするのかな？」と言っているように聞こえました。人と目を合わせることがほとんどなかった娘が、私の目をじっと見つめて楽しい気持ちを伝えたいといった様子で、そのような仕草を見たのは初めてでした。きっと、たくさんの子どもたちからいろんな刺激を受けているんだろうなということを実感しました。

そんな中で、この保育園の子どもたちと一緒に娘も地域の小学校に行けたらいいな、という漠然とした思いがわき上がりました。交流という特別な日の特別なイベントで行く特別な「さらちゃん」ではなく、普通に、日常の中で、みんなの中にいて、みんなと一緒に育っていけたら……と思いました。

咲良と一緒にスーパーに買い物に行くと、小さい子の視線をすごく感じます。それは当たり前のことで、子どもは純粋に「なんでこんな大きいのにベビーカーみたいなものに乗ってるの?」、「なんかこの子ちがう」みたいな感覚から、じーっと見てしまうのだと思います。昔はそのような視線がつらい時もありました。ある日、スーパーで娘と買い物中に交流先の保育園のお友だちにばったり会い、「あ、さらちゃんや~」と普通に声をかけてもらいました。そんな何気ないふつうの出来事が、とても嬉しく感じました。だれかに知ってもらっている、というのはなんだかすごく安心するし、生きやすいのだと感じました。

六、「就学」と「障害受容」

娘が小さいときは、就学先は支援学校が最善だと漠然と思っていました。支援学校の中で専門的な教育やリハビリを受け、親も子も世間の目や差別から守られて生きていくのがいちばん安心だと思っていました。

ひまわり教室では月に一回、親が集まる学習会があります。そこでは、ひまわりを卒業した子のお母さんのお話を聞く機会が時々ありました。当初は、地域の学校に行った子のお母さんのお話を聞いても、私自身、どこか懐疑的だったり他人事だったりで、「地域の小学校なんてすごいな。でも私には絶対にムリ」と思っていました。ひまわりでよく聞く「地域」という言葉が私には重すぎて、地域の小学校に向けて前向きに進んでいくほかのお母さん方の姿がとてもまぶしすぎて、時々つらく感じてしまった時期もありました。

ひまわり教室では、母親の会の活動の一つに学校見学があります。ひまわりを卒業した子どもたちが小学校でどのように過ごしているか、母親たちで見学に行くのです。その学校見学で、障害が重く医療ケアの必要なお子さんが地域の小学校に通っていることを知りました。運動会も見に行かせてもらいましたが、バギーに乗って砂まみれになり騎馬戦に参加する姿、真っ黒に日焼けをした顔がとても爽やかでかっこよくて、思わずそこに娘の姿を重ねてみたりもしました。どんなに障害が重くても地域の小学校へ、という選択肢があることを知り、私自身も就学を現実的に考え始めました。

もし、娘が地域の小学校へ行くとしたら…?。どうして、私は「地域は絶対ムリ」だと思うのだろうか。かつて、娘の障害が受け入れられず、地域から一生隠れて生きていこうと思っていた自分。もっと自分自身を問い直すことが必要だと思いました。その問い直しをしていくと、避けて通ることができない、乗り越えなければならない自分の課題があることに気が付きました。

その課題とは、自分の中の奥底に潜む「差別的感情」、「社会的マイノリティという劣等感」、「世間体を気にする自分」と向き合うことでした。ひまわりに入った時から、「生き直し」ということについて少しずつ向き合ってきたつもりではいたものの、やはり一歩踏み出せない自分がいました。

徳田さんの本や障害に関するいろんな本を読んだり、障害に関する歴史や法律、青い芝の会の障害者運動などについて勉強したり、先輩のお母さん方が書かれた過去の文集『みちのり』を何度も読み返したりして、自分自身の考えなどを見つめ直しました。

本当の意味での「障害受容」とは、その障害をただ単に受け入れるだけではなく、その障害のある人が本来持っているはずの人権を認識し獲得していく「生き方」そのものなのではないか。

「私はこれから、障害のあるこの子とどう生きていくのか?」ということを、毎日考え続けました。

七、やまゆり園の事件

そんなふうに自問自答し向き合いながら過ごしていたある日、あの事件が起きました。神奈川県相模原市の障害者施設「やまゆり園」での殺傷事件です。とてもショックな事件でした。「重複障害者は生きている価値がない」という容疑者の言葉が強く心に突き刺さり、憤りを感じました。

しかし、ふと思いました。私自身はどうだったのだろう？　当初、娘に障害があると知ったとき、絶望感に襲われ、障害児は不幸で、障害児を育てる自分は惨めだと、かつて苦しんでいた自分の根底にあったものは、犯人の思想と通ずるものがあったのではないか。

自分の中で妨《さまた》げになっているものは、まだまだ自分の中にある差別的感情だと思い知りました。「親が一番の差別者」という言葉を聞いたことがあります。私に関しても、まさにそうだと思いました。

そんな自分の中の黒い感情、それこそが、障害なのではないか。「障害」というのは、娘自身にあるのではなく、私の中に障害がある。自分自身の考えや捉え方、そして、まわりの人たちや社会の中に障害があるのではないかと思いました。「知らないことや、よくわからないもの」は、「なんか嫌、怖い」と感じてしまうのは、誰もが持っている当たり前の感情かもしれません。でも、その感情に向き合うことなく知らないままでいると、「分離と排除」が当たり前になり、それはやがて「偏見」や「差別」に繋がっていくのかもしれません。まずは、「知ること」、「知ってもらうこと」が大切だと思いました。

また、私は娘にどんな人生を歩んでほしいかを、ずっと考えていました。障害があっても、いろんな人に出会っていろんな経験をして、世界は広いのだということを知ってほしい。いずれ将来は障害のある人たちだけの世界（支援学校、障害者施設）でずっと過ごすことになるのだろうから、小さいうちだけでもみんなの中で過ごす経験をしてほしい。そうでないと、娘自身が社会を知る権利を奪ってしまうことになり、社会に娘のことを知ってもらう機会もなくなる。地域の小学校で、みんなと一緒に過ごして、良いことも悪いことも経験してほしい。差別があるかもしれない。いやな思いも経験すると思う。でも、これからの未来を作っていく子どもたちの中に娘が存在していることは、きっと意味のあることなのではないかと思いました。

八、道を切り開いていくということ

私たち夫婦の中で、地域の小学校へ、という気持ちは固まりつつありましたが、最後のところでどうしても一歩が踏み出せない大きな不安がありました。それは、私の住む自治体で身体・知的ともに重い障害のある子が地域の学校に行くことは、かなり難しいことだという現実でした。ひまわり教室の先輩のお母さん方からも、重い障害のある子が地域の小学校へ就学するために大変な苦労をしたという話はたくさん聞いていました。近隣の自治体では、すでに先輩方が困難な道を切り開いてきた実例があったのですが、私の住む町ではいわゆる重度の、重複障害のある子の前例はありませんでした。そのため、もし地域の学校へと希望するならば、ぶれない強い気持ちをしっかり自分の中に根付かせることが必要でした。また、ほぼ未開拓の地で、ひとりで道を切り開いていくことは、想像するだけでも相当な覚悟が必要で、孤独と不安な感情でいっぱいでした。

迷いや不安のある中で、交流先の保育園の子どもたちの存在はとても大きく、心強いものでした。十一月初旬、就学時健診がありました。当日、バギーで小学校に行くと、保育園の子どもたちがたくさん声をかけてくれました。緊張や不安もありましたが、私も娘も声をかけてもらえたことで、とても安心でき、地域に入っていくんだという決意が固まりました。

「地域の学校を希望します」という意思を教育委員会に伝えてからしばらくして、就学の判定が出ました。「支援学校への就学が望ましい」という結果でした。十二月下旬から教育委員会との話し合いが始まりました。

私も夫も、地域の小学校へ入学したいという思いを丁寧に伝え続けましたが、教育委員会からは支援学校への誘導が強く、何度も面談を繰り返しました。

三月中旬、ようやく「地域の小学校の支援学級」ということで入学が決まったとき、今までのいろいろな思いから涙が溢れ出し、止まりませんでした。隣を見ると、夫もまた泣いていました。

九、地域の小学校でみんなと共に

小学校生活に対しての私たち家族の唯一の願いは、「みんなと共に過ごしたい」、ということでした。

将来は分けられた場所で人生の大半の時間を過ごし、一生を終えるであろう娘の人生を想像したとき、せめて小学校の間だけでも、同じ地域の同じ年齢の子どもたちと一緒に多くの時間を過ごさせてあげたい、という思いからでした。そして、せっかく地域の小学校に行ったのに「分けられる象徴」として地域の学校に存在することや、娘の存在を通して「障害のある人は障害を理由に分けてもいい」という無意識のメッセージを子どもたちに与えることだけは避けたかったのです。支援学級籍だからといって、時々交流クラスに行くお客さんではなく、同じ学年、同じクラスの仲間としてなるべく多くの時間を共に過ごしてほしい、願いはただそれだけでした。

緊張と不安の中、迎えた入学式、娘が小さかった頃を思い出すと、ピカピカの一年生たちの中に、この地域の子として娘が存在していることはなんだか夢のようでした。

当初は学校の先生方も、どんな子が入学してくるのだろうという不安や戸惑いもあったと思います。入学前、当時の教頭先生や支援学級担任の先生がひまわり教室まで咲良の様子を見学に来てくださいました。実際の様子や、必要な支援や介助の仕方などを積極的に知ろうとしてくださり、この学校で受け入れてもらえるのだという安心感につながりました。ひまわり教室での実際の娘の様子を見ていただいたおかげもあって、入学後の付き添いは二日ほどで終わり、初めての遠足やプールなどの行事も当たり前のようにみんなと一緒にスムーズに参加することができました。

入学後しばらくして、娘に学校での様子を質問すると、声を出したりタッチで楽しかったことなどを教えてくれたりするようになりました。同学年の子たちの名前を言うと、笑ったり目を見開いたりして、ものすごく反応があり、学校が楽しいのだと伝わってきました。

私たちの住む地域では、毎年夏休みになると、一〇〇㎞コンペという行事があります。毎朝、ラジオ体操のあとに数キロ走るのですが、私も時々、娘が乗るバギーを押しながら参加しています。二年生の夏休みのある日、ゴール近くで「さらちゃん、がんばれー!!」という大きな声援が聞こえました。一年生の時に同じクラスだった男の子が、お父さんといっしょにゴール付近で応援してくれていたのでした。ちがうクラスになって、特に目立った関わりがみられなくても、密かに気にかけてくれたり、応援して見守ってくれたりしている子もいるんだなと思うと、とてもうれしかったです。このような地域の行事に出られるのも、地域の学校に通い、たくさんの方々に知ってもらっているからこそだと思います。地域の方々、保護者の方々にもあたたかく見守っていただき、とてもありがたいです。

二年生の終わりからはコロナ禍になり、様々な行事や活動が制限された時期でしたが、その間にも、みんなと共に過ごしたおかげで、身体面、精神面ともに、ものすごく成長を感じました。

学校の先生方や支援員さんたちは、娘のサポートだけではなく、たくさんの子どもたちとつないでくれ、クラスの中に、お客さんとしてではなく、当たり前のように娘がいるという環境を大切にしてくれました。

娘の学校では、四年生の総合的な学習の授業で障害や福祉について学ぶ時間があります。様々な障害について学ぶ中で、学校の先生から、娘のことについて子どもたちに話してほしいという依頼がありました。娘が生まれたときのことや障害について、ひまわり教室の子どもたちについて、そして「共に生きる」ことの大切さについて、感謝の気持ちとともにお話しさせていただきました。一年生の頃からずっと一緒に育ってきた子どもたちにとって、娘の存在はもはや当たり前で、一緒にいることが普通の日常となっていましたが、みんな真剣に耳を傾けてくれ、より知ろうと質問もたくさんしてくれ、改めて知ってもらうことの大切さを実感しました。

その年の運動会では、何人ものクラスメートが車いすを押してくれ、競技や応援合戦にもみんなと一緒に参加することができました。娘は手足が不自由なため、みんなと同じように活動に参加することが難しい場合もあります。そんなときも、クラスの子どもたちはどうしたら一緒に活動できるかを考えてくれるときもあったようで、とてもありがたくうれしい気持ちになりました。

五年生の体育では、初めて歩行器でリレーにも参加しました。一秒一刻を争う真剣勝負、その中で、チームメートはバトンを手の不自由な娘に渡そうと、声を掛け合っていました。避難訓練では、どうしても逃げ遅れてしまう娘の名前を呼び、まわりの机やイスをどかし、逃げやすいように助けてくれました。

　高学年になると、行事の難易度も高くなってきます。五年生では往復二〇㎞を歩く遠足がありました。当初、長距離であることから娘には全行程の参加は難しいとされていました。しかし、コロナ禍での久しぶりの貴重な遠足、残り少ない小学校生活の中で一生に残る思い出をみんなと一緒に作りたい！という思いがありました。また、本人なりの自立を考えたときに、親が学校行事に付き添いや送迎をすることは望ましくないということ、そしてこれが前例となってはいけないという思いから、何度も学校と話し合いを重ねました。その中で、安全面や本人の体調面などの不安をひとつずつクリアにしていき、サポート体制を万全にするために、ひまわり教室から職員の林さんにボランティアで来ていただけることになりました。娘は車いすを押してもらうことで全行程をみんなと一緒に参加することができました。往復二〇㎞を歩き切り、学校に帰ってきたときの子どもたちの達成感と充実感に満ちた顔の中に、娘の姿を見つけたときは感無量で涙が溢れました。

　六年生では、初めての一泊合宿がありました。小学校最後のメインイベント、最高の思い出を作ってほしい、との思いから、「学校行事等で支援を必要とする児童生徒について一時的に支援者を派遣する制度」の新設を求め、教育委員会に要望書を提出しました。教育委員会で教育長と面談したところ、制度の新設となると予算や時間もかかるとのことでしたが、今回の一泊合宿についてはサポーター派遣を了承していただけることになりました。当日は、ひまわり教室から満仁崎さんと市橋さんが交代で来てくれ、食事やお風呂の介助、深夜の見回りをサポートしてくださいました。また、担任の先生をはじめ、ほかの引率の先生方、そしてまわりの子どもたち、たくさんの方々に支えていただきながらも、本人なりに親離れして過ごせた合宿になったと思います。翌日、学校にお迎えに行くと、日焼けしてたくましくなった娘が児童玄関から出てきて、ひとまわり大きくなったな!、と嬉しく感じました。後日、合宿の写真を見ると、クラスメートに車いすを押してもらったり話しかけてもらったり、みんなと一緒に楽しそうに活動している娘の姿がたくさんありました。

支援学級の担任になってくださった先生方はとても熱心で、様々なことに積極的にチャレンジしてくださり、ありがたいことに歩く練習なども日常的にしてくださいました。娘が学校の廊下を先生や支援員さんと歩いていると、まわりの子どもたちから「がんばれ!」と応援してもらったり、いろんな学年の先生に声をかけていただいたりしたことも本人のやる気につながったようで、介助してもらいながらの歩行は随分と上達しました。リハビリの先生も毎回びっくりするくらい体の動きの成長もあり、学校での先生方や支援員さんたちのサポート、そしてたくさんの子どもたちがいるという環境が良い刺激になっていたのだと思います。

小学校最後の運動会では、クラスメートの男の子と女の子に片方ずつ手をつないでもらい、個走に挑戦しました。数メートル、一歩ずつゆっくりと歩き切りゴールすると、まわりからはあたたかい拍手が起こりました。たくさんの人たちに支えてもらい、見守ってもらい、みんなと共に六年間歩んでこられたことに感謝の気持ちでいっぱいになりました。

この六年間、「みんなと共に」という私たちの願いのもと、実際には分けられた制度や環境の中では難しいこともありましたが、学校の先生方には私たち親子の思いや願いに寄り添っていただき、日常の様々な活動や行事にもみんなと共に参加をすることができました。

同じ学年の子どもたちは、自然に気にかけてくれたり、声をかけてくれたり、手伝ってくれたり、車いすを押してくれたり、本当に心優しい子が多く、六年間、娘がこの子どもたちと共に育ってきてくれたこと、このことが本当にうれしく、また誇らしく思います。同級生の子どもたちは、それぞれ将来どんな仕事につくのかわかりませんが、大きくなったとき、もし街で障害のある人を見かけたとき、「そういえば同じクラスにさらちゃんていう子がいたな」と少しでも思い出してくれたら、それだけでうれしいし、その子たちがもし仕事などで障害のある人たちに出会ったとき、壁を感じず排除することなく、自然に関わってくれたらなと、願っています。

十、障害のある子の親として

入学した小学校は三階建てでしたが、エレベーターがありませんでした。そのため、必然的に学校での階段の上り下りに挑戦することになりました。担任の先生や支援員さんたちの懸命なサポートもあり、一年生の終わりには少しずつ上ることができるようになり、四年生からは下りることもできるようになりました。とは言っても、一段一段ゆっくりと、そして全介助なので娘も先生も危険が伴います。また、教室移動で急いでいるときは先生方に抱っこしてもらい、階段の上り下りをすることもありました。学年が上がるとクラスも二階や三階になり、娘の体重もどんどん増えていき、先生方には大変な負担をかけてしまい、申し訳なく思う毎日でした。エレベーターや階段昇降機については、入学時からほぼ毎年、教育委員会に要望書を提出していましたが、エレベーターとなると予算も高額なため、なかなか要望は通りませんでした。幸い二〇二一年、バリアフリー法の改正に伴い、文科省から「公立小中学校等施設におけるバリアフリー化の加速について」の通知がありました。このことが後押しとなり、ついに二〇二三年十二月、卒業の三か月前でしたが、エレベーターが設置されました。数か月だけしか使用できませんでしたが、実際にほかにもエレベーターを必要としている方々もいることや、これから先もバリアフリーな環境はだれにとっても過ごしやすいことから、エレベーターの設置は実現して本当に良かったです。

娘が生まれ、重い障害があるとわかったとき、先がまったく見えず、不安と絶望しかありませんでした。他人の視線が気になり、外に出ることが億劫な日々もありました。その頃は、地域の学校に行くなんて、夢にも思っていませんでした。あんなに将来を絶望して、地域社会から一生隠れて生きていこうと、娘の存在自体をも否定してしまっていた私は、今、地域で娘と共に、安心して暮らすことができています。

学校の先生方、地域や保護者の皆さんに普段から知ってもらうことで理解していただき、日常を共に過ごすことで地域に根を張り、共に生きることができています。特に、娘は一人っ子ということもあり、地域の学校という存在がとても大きいです。もし、あのまま、娘の存在を隠すように支援学校へ行っていたら、私たち家族はきっと地域社会から孤立していたと思います。

二〇二四年一月一日に起きた能登半島地震。大津波警報が発令された中、たくさんの方々が地域の小学校へと避難をしました。その時私たち家族は外出先で避難していたのですが、学校の何人かのお母さん方から連絡をもらったりして気にかけていただき、とても安心できました。もし、地域の学校に行ってなかったら、そうして声をかけてくれる人もいなかっただろうし、とても不安になっていたと思います。地域の人たちに娘の存在を知られていなかったら、避難するよう警報が出ていても、避難所にはきっと行きづらく孤立していたかもしれません。このような災害時、日頃から娘の居場所となっている小学校が避難場所であること、そこに知っている人たちがいて安心できるということ、地域の方々とのつながりの大切さを改めて考えさせられました。地域の小学校に入学して、本当に良かったです。娘のおかげで私もまた親として育てられ、まわりの人々の優しさに救われ、感謝する日々です。

十一、ひまわり教室に支えられて

これまでに何度か、大学や専門学校で将来保育士を目指して勉強している学生さんたちに、娘のことをお話しさせていただく機会がありました。そのときに、「小学生のころ、障害のある子と同じクラスだった」という学生さんがいました。詳しく話を聞いてみると、ひまわり教室の先輩でした。「よく、その子のバギーを押したり、いっしょに遊んだりしたし、遠足も運動会もなんでも一緒にやりました」と学生さんは振り返り、そのような経験があるから障害のある子に対する戸惑いはあまりないのだと教えてくれました。

ひまわり教室の長い歴史の中で、たくさんの先輩方がそれぞれの地域で道を切り開き、共生共育の足跡を残されてきたこと、その中で障害のある子と共に育った経験のある子どもたちがまた次の世代を育てる大人になっていく、そのつながりに心強さと希望を感じました。また、それと同時に、いま私たちがインクルーシブ教育を実践していく中で、ただみんなの中にいるということだけに留まらず、いかに共に育ち合い、関わり合うかが大切で、その中でなるべく良い前例を残し、また次の世代へと繋いでいくことが重要なのではないかと、改めて感じました。

私が小学生だったとき、支援学級はありましたが、障害のある子と関わり合うことはほとんどありませんでした。だから、障害のある人に対しては壁があったし、自分の中に偏見や差別的な感情があったことで、娘の障害に対してもなかなか受け入れることが難しかったのだと思います。

もし、娘がいわゆる健常児で、障害とは無縁だったならば、私は自らを振り返り、価値観や考え方を問い直すこともなかったと思います。そして、ひまわり教室と出会わなければ、障害の重い娘を地域の学校へという選択肢は考えることもなかったと思います。

ひまわり教室で過ごした五年間もそうでしたが、卒業した今現在も、何か困ったことや悩みごと、悲しいことや苦しいことがあったときは、すぐにひまわり教室に電話をして話を聞いてもらっています。どんな思いもまるごと受け止めて寄り添っていただき、職員の皆さん方には感謝しかありません。

ひまわり教室の個性豊かな可愛い子どもたちからも、たくさんのことを学びました。中には残念ながら、亡くなってしまった子どもたちもいて、ひまわり教室の事務室にはその子たちの遺影が飾られています。時々思い出しては、空から見守ってもらっているような気がしています。

また、ひまわりで出会ったお母さん方の存在は、それぞれ子どもの障害の違いはあるけれど、根底では何か同じものを共有していて、つながり合えているようで、とても心強く、いつも励みになっています。先輩のお母さん方には、今でもたびたび相談にのっていただき、心の支えになっています。

「生き直す」ことの中で、自分の中にある差別や偏見と向き合い、娘と共に地域へと一歩を踏み出すきっかけをくれたのはひまわり教室でした。

十二、「共に生きる」は「共に育つ」から

日本は、障害者権利条約を批准し、障害者差別解消法を制定しました。そこには、「障害を理由とする、あらゆる区別、排除、制限をなくす」ことが謳《うた》ってあり、その先に「共生社会の実現」を掲げてあります。そして、二〇二二年九月九日、国連・障害者権利委員会は、日本政府に対して障害者権利条約の履行状況について勧告を行い、その中で特別支援教育は分離教育であるとし、中止するよう勧告しました。

文科省が掲げる現在の「インクルーシブ教育システム」とは、「個人（医学）モデル」に基づく「分離教育」であり、国連の定める「インクルーシブ教育」とは乖離しています。障害者権利条約におけるインクルーシブ教育の定義は、「人権モデル」であるとしています。日本では、まだ人権に対する感覚が希薄で、特に学校教育では障害を「個人（医学）モデル」で捉える傾向が強いように思います。

不登校の児童が年々増え続ける中、過度に競争的で学力主義、全体主義の学校で大人が排除と分離の姿勢を子どもたちに示している現状は、さらなる分離社会を生み出し、生きにくく閉鎖的な世の中につながるのではないかと危惧しています。

よく「学校は社会の縮図」だと言われていますが、社会を変えていくことができるのは教育であり、その意味でも地域の小中学校に多様な子どもたちが受け止められ、共に学び育つことは、とても意味のあることなのではないかと思います。

これからの未来を生きていく子どもたちのために、「誰もが受け止められ、安心できる学校」が、そのまま「誰もが安心して生きられる社会」につながり、共に生きることへの実現へとつながっていけるよう願っています。

小学校入学時、わたしたちは強い思いと目標を持って井上小学校の門をくぐりました。それは、「健常者と障害者の間にある壁をなくすこと」、そして「共生社会の実現」を目標とし、「インクルーシブ教育」、「共に生きる」ことをあきらめずに伝え続けていく、ということです。地域社会への第一歩は勇気と覚悟が必要で、とても怖かったことを覚えています。でも、この世界は想像していたよりもあたたかく、逆に、娘やまわりの子どもたちから共に生きるということを日々教えてもらった六年間でした。

この春から、娘は地域の中学校に入学します。迷いや不安もありましたが、地域の子どもたちと共に過ごせるのはあと数年だと考えると、とても貴重で大切な時間になると思います。だから、娘には今の地域での生活を精一杯楽しんで、いろんなことにチャレンジをして、みんなと共にたくさんの思い出を作ってほしい、と願っています。

そして、私はまだ「生き直し」の途中にいます。「共に生きる」ことを私なりに伝え続けていくこと、そのことが誰もが生きやすく豊かな社会になることにつながると信じて、あきらめずにやっていきたいと思っています。

十護《とおご》と過ごした日々で気づかせてもらったこと

岡野　有由美

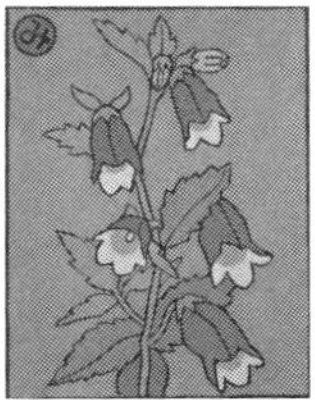

一、十護《とおご》について

十護はダウン症で医療的ケアが必要な七歳の男の子です。石川県の金沢市立米丸小学校の四年生です。特別支援学級に籍があります。

姉が一人と兄が三人いて、五人きょうだいの末っ子です。好きなものはアンパンマン、パズル、積み木やブロック、手遊び、歌やダンスなど、たくさんあります。お友達や大人のすることをじっと見て、まねをするのも上手です。

学校に入ってからは、物の名前もたくさん覚え、自分の要求は、不明瞭ではありますが、発声とジェスチャーを交えながら伝えようとしています。音楽に合わせて楽しそうに口ずさんでいるともあります。好きなことには集中して取り組み、いろいろなことに興味と自信を持って毎日を過ごしています。

家ではすぐ上の兄と九歳離れていて、十護は小さいけれども対等に自己主張しています。お姉ちゃん、お兄ちゃんには可愛がってもらい、お世話をしてもらい遊んでもらうのと同時に、きょうだい同士らしい遠慮のない関わりもしています。

十護が現在必要な医療的ケアは、胃ろうから経管栄養で食事を摂っていること、気管切開部から吸引機を使って痰を引くこと、そして二十四時間酸素療法をしていることです。

二、出生前後

十護はお腹にいる時、二百分の一でダウン症かもしれないと言われていました。中絶するなら初期のうちしかできないので、ダウン症かどうかを確定するために羊水検査をすすめられました。私たち夫婦は話し合ってもなかなか検査をするかどうかを決めることができませんでしたが、中絶をする、という決断はどうしてもできませんでした。羊水検査はしない、と病院に伝えました。

その後、平成二十六（二〇一四）年十二月に八か月の早産で生まれた十護は、たくさんの病気と不具合を持って生まれてきました。検査の結果、やはりダウン症でした。主治医の説明を聞きながら、この子は人並みの人生は歩めないと思い、まるで底のない穴に滑り落ちていくような感覚でした。しかし、十護が小さな体で健気に病気と向き合っている姿を見て、私も今ある状況を受け入れ、できることを精一杯していく、という考え方ができるようになりました。

生後五か月でＮＩＣＵ（新生児集中治療室）から退院した後、十護は風邪症状からすぐに肺炎となり、入退院を繰り返しました。そして生後十一か月の時の肺炎で、肺に深刻なダメージを受けました。両肺の一部がつぶれてしまい、気管切開をして呼吸器を付けることとなりました。四か月入院して家に帰ってきた時は、喉に呼吸器と酸素ボンベ、鼻からは経管栄養のチューブ、足には血中酸素飽和度を計るモニターを付けている状態でした。自宅での生活に戻りましたが、たくさんの器具と朝から夜まで続く経管栄誉と吸痰により、十護を外に連れていくこともできず、いつも誰かの見守りが必要となり、私たち家族の生活は大きく変わりました。

三、ひまわり教室の中で

自宅でベビー用のベッドの上で一日中過ごしていた十護ですが、少しずつ成長していきました。そこで、同じ年代の子と過ごす経験を積ませたいと思い、どこか通える所がないかと探しました。しかし、十護のように呼吸器を付けた子の通える所はなかなか見つかりませんでした。

十護が二歳のある日、県立中央病院（以下、県中）の待合室で、当時ひまわり教室に通っていた子どものお母さんが私と十護に話しかけて下さり、十護でも通えることを教えてくれました。

そのことを相談員に伝えると、すぐにひまわり教室へ行ってくれました。かなり昔からやっている老舗の教室なので安心できそうだということと、現在は定員に達していないので、手続きさえすればすぐに通えるかもしれないということを教えて下さいました。

数日後、ひまわり教室の満仁﨑さんが家に来て、十護の様子を見ながら次々とパソコンで書類を作り上げて、通うために必要なことを確認していきました。あまりの展開の速さに戸惑った私は「この教室に通うのに、こういう子は通えるとか、こういう子は通えないとかはあるのでしょうか？」と聞きました。満仁﨑さんは、「困り感があれば、どなたでも」と答えました。今まで十護がどこかに通うのは難しいことと思っていた私は、その答えに拍子抜けし、驚き、そして本当にありがたいと思いました。そして数日後、十護と当時小学校五年生の三男と主人と私で、ひまわり教室へ見学に行きました。職員さんたちは私たちを温かく迎えてくれました。十護が喜びそうなおもちゃを持ってきたり、手遊びをいくつもして楽しませてくれたりしました。兄も自分が楽しんで遊んでいました。十護が安心して通える場所が見つかったことが、とても嬉しかったです。そして、平成二十八（二〇一六）年九月、二歳九か月から十護はひまわり教室に通い始めました。

教室では、親ではできないような大胆な遊びをたくさんさせてもらいました。体の発達や物事を理解することに遅れがあっても、その子の今ある力を存分に使えるように、一人ひとりに合わせた内容で遊ばせてもらえます。その遊びの中には少し挑戦することも混ぜてあり、子どもは

「できた！」という達成感を味わい、それが次の挑戦をする力となっていると思います。

十護は生後すぐに口から呼吸器を挿管し、三か月後に外すまでは直接母乳を飲むことができませんでした。そのため、鼻から細いチューブを入れて胃まで通し、搾乳した母乳を流し入れていました。呼吸器が外れて初めて、母乳や哺乳瓶のミルクを飲む練習を始めました。十護は一生懸命に吸う練習をしましたが、ダウン症の特徴である筋力の低緊張により、口から飲むだけの力は育ちませんでした。気管切開をして再び呼吸器をつないでからは、誤嚥による肺炎を起こさないように、口から飲んだり食べたりせず、経管栄養のみの生活になりました。

二歳になって、十護が鼻チューブを手で抜いてしまうことから、胃ろうに替えました。その頃、県中の外来の嚥下リハビリに通いましたが、大豆ひと粒分のゼリーをようやく飲み込むという状態からほとんど進まず、もっと体がしっかりしておすわりができるようになるまで、一旦休止となりました。

教室では、三歳過ぎの平成二十九（二〇一七）年四月から、お弁当に、味噌汁・ゼリー・バナナなどを大さじ一杯程度持っていくようになりました。それからしばらく食べる量はあまり変わりませんでしたが、十護の食べる意欲を引き出すものはないかと探していたら、お菓子のボーロを水分で溶いたものは喜んで食べることが分かりました。ボーロを間にはさんだり混ぜ込んだりして、ほかの食べ物の量を増やしていくことができました。教室を卒業するまでに、スープ・味噌汁・牛乳・ジュレ・ミキサーでとろとろにした雑炊や果物を百〜百五〇ミリリットル、口から食べるまでになりました。お弁当を持参して食べ始めてから、四年が経っていました。普通の離乳食の進み具合とくらべると、本当にゆっくりとしたものでした。この間職員さんたちは、ずっと根気よく食べさせてくれていました。親の私でも、もう食べるようにならないかも、とあきらめそうな時もありましたが、地道に気長に食べさせていました。本当にありがたく、感謝しています。

ひまわり教室では、子どもを保育していただくこと以外に、月に一度の相談日・当番の日・学習会があります。

相談日には担当の職員さんと保護者が面談をし、子どもの教室での様子を細やかに聞くことができました。また、親からの子育てのことや自分の思いなど、なんでも相談に乗っていただきました。

当番の日は、親は食事の時間のお手伝いなどをします。教室での子どもの様子を実際に見ることができ、お友達とも関わることができるので、とても楽しく過ごすことができました。

学習会は月に一度開かれ、その内容は、お互いの近況報告やひまわり教室を終えて小学校に通う子どもの保護者の話、障害者に関する法律や動きについての話、障害を持った子どもが就学の時にはどのような経過をたどっていくのか、などでした。和菓子作りや藍染め体験、お餅つきなどのお楽しみの時もありました。

「母親の会」という、いわゆる保護者会もあります。ランチで親睦を深めたり、学校見学会を行ったりし、年度末には『みちのり』という親の思いを綴った文集を発行します。

ひまわり教室に入ると決まった時に、『みちのり』を手渡されました。そこには、待望のわが子を出産し、障害や重篤な疾患があると分かった時の衝撃的な思い、その重苦しいほどの思いを抱えたまま、日々わが子と向き合う姿が、生身の体験を元に綴られていました。一言で障害と言ってもその様子は様々で、感じ方も親御さんによって違いがあり、どの親御さんもだれも経験できないような日を過ごしてきたことが分かりました。その時の私は、十護は疾患児であるという気持ちが強く、まだダウン症という障害のことは思いの片隅に置いていました。『みちのり』の中には、わが子であっても障害のある子のことを負の感情で見てしまうことについて書かれているものもありました。その言葉は私を突き刺しました。ダウン症であることは分かっているし、受け止めているけれども、どんなに医療の手を尽くしても普通の子どものように育たないことに虚しさを感じてしまう自分がいたからです。十護がダウン症であることを胸の奥のほうに置き、この先この子と私たち家族はどうなっていくのかということについても、考えても分からないし何もできないと思い、そのもやもやした思いについて、あまり考えないようにしていました。

その後、教室で開かれる学習会などで講師や他のお母さんたちの話を聞くうちに、障害とは、それを受け入れない心や世の中の仕組みが作っているものだということが、だんだんと分かってきました。それとともに、自分の中のもやもやとした不安や虚しさが、少しずつですが薄らいでいきました。

ひまわり教室で十護は、ゆっくりですができることが増えました。自己主張もしっかりしながら、どんなこともあまり尻込みせずに物事に取り組んでいました。その姿は私たち親の不安や迷いをふと忘れさせるほど、たくましいと思えるものでした。

四、就学先を決めるまで

障害を持った子は特別支援学校に行くのが当然と思っていた私ですが、ひまわり教室の学習会で、ひまわりを巣立って地域の小学校に進んでいるお子さんがたくさんいることを知りました。しかしそのために、親御さんが大変な苦労をされていることや、入学してからも医療的ケアをするために保護者が付き添っていることも知りました。十護のように呼吸器を付けた子は、通わずに先生が家に訪問して授業をする形（週に二〜三日、一日につき二〜三時間）になることも知りました。ひまわり教室ではのびのびと、持っている力を伸ばしながら過ごさせてもらっていましたが、義務教育である小学校への入学がこんなにも障害児にとって窮屈な仕組みだとは知りませんでした。

十護は年長さんになり、小学校入学まで一年となりました。本人なりに成長し体力もついてきたとはいえ、支援が必要なことに変わりはなく、どんな学校生活になるのかイメージしづらいと感じていました。

ひまわり教室の母親の会の学校見学会では、春と秋に地域の学校や幼稚園、特別支援学校に見学に行っています。私も何回か参加し、支援学校も地域の学校の支援学級も見学させてもらいました。あらためて十護が通う学校を考えた時、上の子たちが地域の学校に通う姿も見てきて思うのは、支援学校よりは地域の学校のほうがしっくりくる、というものでした。何がそう思わせたのか、言葉ではこれといったものはすぐ出てきませんでしたが、十護も地域に行けたらいいな、と思いました。でも気管切開をしていて通うことができるのだろうか、入学を許可してもらえるのだろうか…、と不安もありました。

思っているだけでなく動かないと、と思いましたが、新型コロナウイルス感染症が流行し、毎日の感染対策や消毒類の確保、上の子たちの休校やオンライン授業の体制作りで、夏までを費やしました。そのような毎日でしたが、学校で十護がどのように過ごすのかをよく考えるようになりました。具体的にいろんな場面を想定し、「学校だったら…」と考えました。登校、給食、移動、授業、吸痰などと場面ごとに形を考えました。ひまわりの職員さんも、同じように考えてくれていました。

月に一度の受診で主治医の先生に相談し、地域の学校へ行く方向で後押ししてもらいました。毎日来てくれる訪問看護師さんにも自分の考えを聞いてもらい、意見をいただいていました。インターネットの文科省のサイトにアクセスして、障害児の教育や医療的ケア児（医ケア児）の受け入れに関する文書を読んだりもしました。

ひまわり教室の学習会に参加して障害を持つ子の就学の仕組みを知り、ほかのお母さん方の考えを聞き、障害児や医ケア児を取り巻く学校での現状についての知識を得ました。そのように、十護に関わる人たちと話をしたり、調べたり学んだりすることによって、少しずつ私の中で、地域の学校に通う姿がイメージできるようになっていきました。

普段の会話の中でも「学校」という言葉がよく出てきていて、その言葉に反応するかのように、十護はできることがどんどん増えました。お弁当の中身を口から上手に飲み込むことができるようになり、その分注入の量が減り、注入用のボトルとチューブやポンプは使わなくなりました。歩行は、手押し車での移動が可能になりました。毎日お昼寝をしないと睡眠リズムが崩れていたのですが、就学時健診の日から昼寝せずに過ごせるようになりました。難しいと思われたマスクも練習して付けることができました。十二月に心臓カテーテル検査をした結果、肺の状態は、昼間は呼吸器を付けなくても大丈夫なほどになっていました。主治医の先生からも「学校へは呼吸器を持参しなくてもよい」と言ってもらえました。小学校入学に向けて、十護自身もできることを増やし、使う器具を減らし、学校で過ごしやすいように進化させている感じでした。

あとは入学させてもらえるかどうかが問題でした。

金沢市教育委員会では看護師派遣制度があり、医療的ケアを受けながら学校に通う体制があります。ですが、金沢市立の小中学校には、十護のように気管切開をして通っている児童・生徒はまだいませんでした。従来の制度では十護は該当しないので、入学を断られたり、保護者の付き添いを条件にされたりする可能性がありました。

就学時健診が終わったら教育委員会との面談があるので、それまでにもう一度、なぜ自分が地域の小学校を希望するのかを明確にしたい、と考えを掘り下げてみました。

特別支援学校は障害のある子どもと保護者にとって安全・安心な、守られた場所に思えました。クラスは少人数で、時間割もゆるやかに設定されている感じでした。どの子も何らかの障害があるので、保護者同士の意識の共有もあると思いました。しかし、生まれてから今までの十護を見ていると、障害や病気がありながらも、一つ一つ乗り越えていて、決して守られるだけの弱い子には思えませんでした。ダウン症で疾患が複数あっても、これが自分なんだ、と堂々と十護の人生を歩いているように見えました。だから、わざわざ分けられたところに行かなくても、いろんな子と触れ合いながら、今いる場所で十護らしく過ごすほうが自然だと考えました。

教育委員会の規定では気管切開をして学校に通う子どもを想定していない、ということについても考えました。

十護はもともと肺の機能が弱く、一歳前に肺炎を繰り返し、人工呼吸器を口から挿管しましたが、口からの呼吸器管理は限界があり、挿管から二週間以内に気管切開して気管カニューレから呼吸器をつなぐことが望ましい、と医師から告げられました。声を出して泣いたり笑ったりおしゃべりすることができなくなる、常に器械をつなぐために、抱っこやおんぶ、お出かけなど、ごく当たり前のことすらできなくなるということで、そんな暮らしをする覚悟はなかなかできませんでした。決断できずにいた私たち夫婦は医師に、「呼吸器を付けないで生きていくことはこの子にはできません。どうしても気管切開しないというのなら、生命の維持の保証はできません」と言われました。私たちは、命をつなぐことを最優先にして、気管を切開することに同意しました。

あの時気管切開を決断したのは、十護の人生をこれで終わりにしないため、これから少しずつ元気になって、いろんな所でたくさんのものを見ることができるようにするためでした。その決断によって行きたい学校に通えなくなるのなら、なんのために決断したんだろう、と思いました。就学時健診後の教育委員会の方との面談では、その思いを持って、地域の小学校に通わせたい、と伝えました。

五、親の思いを伝える

ひまわり教室を終えた子どもの保護者を中心とした、「金沢つながりの会」という会があります。障害のある人たちが地域の中で暮らしやすくするために、情報や現状を伝えあって問題を解決する手掛かりにしたり、互いに支え合って不安を軽くしたりする取り組みをしています。この会は昭和五十四（一九七九）年に作られ、多くの障害の重い子を地域の学校につなげてきました。月に一回の例会を開き、毎年、金沢市教育委員会に共生教育の実現に向けた要望書を提出し続けています。

今回十護が気管切開をして地域の学校に通えるようにするために、会から医ケア児の教育保障の充実を求める要望書を、金沢市教育委員会に提出しました。私たち夫婦も、保護者の思いを趣意書として、一緒に提出させてもらいました。以下にその趣意書を掲載します。

趣意書

私共の息子の十護（とおご）は六歳となり、就学の時期を迎えております。来春金沢市内の地域の小学校に入学する日を、親子共に心待ちにして過ごしております。

十護は知的な遅れをともなう医療的ケア児です。生まれつき心臓と呼吸器に不具合があり、一歳で気管切開をしました。今は切開部から酸素を取り入れており、気管カニューレの装着によって喉の違和感があるため嚥下しづらく、栄養の多くを胃ろうから注入しています。

金沢市教育委員会では、医療的ケア児への学校における支援として看護師を配置しておられ、ケアを受けながら小中学校に通える環境を整えて下さっています。医ケア児を抱えながら暮らす親にとって、この事は本当に有難く、心強いものとなっております。

気管切開の手術は十護が一歳の誕生日の前日に行われました。元々肺の機能が低く、その二か月前から肺炎を繰り返しており、とうとう人工呼吸器を口から挿管しないと呼吸を維持する事ができない状態になりました。口からの呼吸器管理は限界があり、挿管から二週間以内に気管切開して気管カニューレから呼吸器をつなぐことが望ましい、と医師から告げられました。ごく当たり前のことすらできなくなるという事で、そんな暮らしをする覚悟はなかなかできませんでした。決断できない私たちは医師に「呼吸器をつけないで生きていく事はこの子にはできません。どうしても気管切開しないというのなら、生命の維持の保証はできません。」と言われ、命をつなぐことを最優先にして、気管を切開することに同意しました。

十護は今ではあの頃の弱弱しさはなく、大人にもお友達にも笑顔で接し、みんなの動きをよく観察してまねたり喜んだり、好きな遊びには集中して取り組み、嫌なことはさらっとかわすなど、心身共にたくましく育っています。悩みながら気管切開に踏み切った事が、十護の世界をどんどん広げる入り口になった事を実感しています。周りからのサポートも十護には必要ですが、それ以上に大切なのは、場所や環境を決めてしまうのではなく、大人が大きな心で見守る中で子ども同志の遠慮のないかかわりをたくさん持たせてあげる事です。それは、六歳になったら当たり前に地域の学校に行く事だと、十護を育てる中でいろいろな方と出会って、分かったことです。

十護のような医療的ケア児は増加しており、我が国では文科省と厚労省が連携し、病気や障害があっても、地域の学校でサポートを受けながら通う方向へと動いています。

先日の教育委員会の方との面談で、地域の小学校を希望します、とお伝えしましたが、

「今まで例のないことですから。」と、少々戸惑っておられるご様子でした。でも、戸惑いがあって当然だと思います。親でさえ戸惑い、悩み、一つ一つ解決しながら今日までできました。
　来月から始まる就学のための相談では、私ども親は、主治医・訪問看護師・通所施設職員の方々などとも連携して、学校における適切な医療ケアの形を実現するために、教育委員会の皆様と気持ちを一つにして相談を重ねていく事を、切に願います。

教育委員会へ趣意書を提出したあと、教育委員会・学校・保護者、そして時には主治医や訪問看護師にも参加していただいて、様々な話し合いをしました。

十二月　教育委員会での教育支援委員会の審議結果の通知。
一月　米丸小で教育委員会主事・校長先生、両親初顔合わせ。校内見学。
二月　教育委員会と専門家による「医療的ケア実施検討委員会」行われる。
三月　医療的ケア実施通知書到着。
　教育委員会学校指導課主事・学校看護師、県中にて月に一度の定期受診の見学。
　米丸小支援級担任、ひまわり教室にて十護の様子を見学。職員さんより聞き取り。
　県中にてカンファレンス。教育委員会より三名、米丸小より校長・支援級担任・養護教諭の三名、学校看護師三名・訪問看護師・保護者が参加。主治医に学校における医療的ケア指示書の依頼。

米丸小内の先生方・看護師・保護者・本人で打ち合わせ。入学式からの具体的な対応や必要なもの、過ごし方について決める。

四月　学校看護師、ひまわり教室にて十護の様子を見学。

入学式リハーサル。（担任の先生、学校看護師、本人、母、訪問看護師）

このような動きの中で、一月に、看護師に付き添ってもらう形で、十護は地域の小学校への入学通知（籍は特別支援学級）をいただきました。上の子たちの時とは違って、その通知はとても重みが感じられました。今まで重い障害がありながらも制度の壁を乗り越えて地域の小学校へ入学してきた、子どもや親御さんの思いや取り組みが、その中にいっぱい詰まっていると思えました。

六、地域の小学校に入って

（一）教室を過ごしやすい環境に

米丸小の支援学級はみのり学級という名前です。十護の肢体不自由支援学級は「みのり３」で、交流学級は一年五組です。

発達が遅いことと医療的ケアのために、学校での過ごし方には工夫が必要でした。主治医からの指示書を元に、ひまわり教室や自宅での様子を参考にして、一つずつ決めていきました。四月中は私が付き添って、過ごし方を一緒に考えていきました。

教室内には畳スペースがあり、着替えやおむつ交換にも対応できるように仕切りカーテンが取り付けてあります。酸素が必要なので、酸素濃縮器を設置してあります。支援学級にいる時は濃縮器をつなぎ、交流学級などに移動する時や登下校時はボンベにつなぎます。酸素ボンベは十護の場合、一本で三時間ほど持ちます。予備も含めて毎日三本のボンベを持参します。それとは別に、停電で濃縮器が使えないなどの緊急時用に、職員玄関にもボンベを常時一本置いてあります。

机と椅子はいちばん小さいサイズのものを用意していただいていますが、それでも足が床に着かないので、高さが変えられる踏み台を椅子の前に置いてあります。畳スペースにも机が置いてあります。こちらは畳にお尻をつけて座るのにちょうどよい高さに、校務士さんが調整して下さいました。

(二) 登下校

登校は朝九時に私が車に乗せて行きます。ランドセル以外に酸素ボンベ・吸痰器・注入用具・アンビューバッグ（患者の口と鼻または気切部から空気を送り込んで人工呼吸を行う医療器具。呼吸器装着者は常に携行している）・災害ファイルなどが入ったコンテナを持参するので、車での登校となっています。通常の登校時間だと玄関や校門あたりがとても混み合い、車の乗り入れは危険なので、遅めの登校時間となりました。看護師さんの配置が十分でないことも大きな理由でした。

車から降りたら押し車で玄関から入り、五組の下駄箱の所で靴を内履きに履き替えて、押し車で「みのり3」に向かいます。十護はほけん係なので、途中の保健室の前に並べてある、朝の健康調査票を持って教室まで行きます。一学期には、玄関前に生活科の授業で種をまいた朝顔の鉢植えに水やりをしてから入っていました。

下校時も、玄関は子どもたちが次々と通っていきます。その混雑したところをどのように帰るのかを相談し、玄関の真裏にある職員駐車場に迎えの車を入れ、その近くの出口から帰るようにしました。そこは下駄箱からも近いので、靴の履き替えがしやすく、また下駄箱に向かう子たちが「さよなら！」「バイバイ」と声をかけてくれます。十護はみんなと違う時間に登校しているので、帰りは一緒の空間で下校できるのがいいなと思っています。

(三)　時間割

一年生は毎日五時間目まであります。十護の登校時間は朝九時なので、一時間目は登校、持ち物準備、朝の会の時間となります。そして、四時間目には給食（経口摂取と胃ろうからの経管栄養）の準備に入ります。国語と算数が毎日あり、それと自立活動・生活単元・学級活動を支援学級で受けています。交流学級の一年五組では生活・図工・体育・音楽の授業を受けています。私たちは毎日必ず交流学級での授業を受けることを希望していて、その希望は通していただいています。

教科書は一年生が使うものと同じものを用意していただきました。ほかの子どもとの知的発達の差は今がいちばん小さく、これからは開いていくのではないかと思ったので、同じものでどこまで理解できるのか、様子を見ていけばいいかなと思いました。ひらがなプリントは拡大してもらったものをなぞったり書いたりしています。十護は国語の教科書が特に好きです。じっくり見たり指をさして絵の名前を言って欲しがったりしています。指さしは特に動物の絵が多いそうです。

（四）給食

四月中頃から給食が始まりました。

三月末に主治医から出していただいていた指示書には、胃ろうの管理の記載はありましたが、具体的な経口摂取と経管栄養の方法についての指示がなかったので、四月の受診時に追加で書いていただきました。具体的には、経口摂取を優先的に行い、残りを胃ろうから注入すること、栄養の形状・注入量と速度・その他の注意事項です。

経口摂取と注入のために、家から次のものを持参しています。

計量カップ、両持ち手付きコップ、本人用スプーンと箸、介助用スプーン、五十ミリリットルシリンジ、茶こし、タオル二枚、タオル止めクリップ、白湯の入った水筒、予備の介護用ペースト食、フルーツ野菜ジュレ、フルーチェなど。

気温が高くなってからは、スポーツ飲料やお茶も持参しています。

メニューによって食べ方にムラがあるようですが、看護師さんはできるだけ給食を摂取できるように、具材をつぶしたり白湯で薄めたりしてくれています。コップ飲みの練習もしていて、かなり上手にまとまった量の白湯や牛乳をごくごくと飲めています。

どうしても食べることが進まない日もあり、その時は以前ひまわりで口から食べるきっかけとなったボーロを混ぜ込んで食べたり、好きなフルーチェと牛乳を混ぜて食べたりしています。

最初の頃、給食は支援学級で食べていましたが、いずれは交流学級でとる給食を摂れるように私たちは希望していました。コロナ感染もあって、六月中旬まで支援学級での給食でしたが、だんだんと口から食べなくなっていったことで、先生と看護師さんが相談し、一年五組で給食の見学をすることになりました。見学をするようになってからは、コップから少量飲むようになり、その後少しずつ自分でスプーンを持って、または介助してもらって、食べるようになりました。ひまわりで食べさせてもらっていた量ほどは食べませんが、食べたい気持ちを伸ばすことと、みんなと楽しく食べること（コロナのために黙食ですが）を目指すことを看護師さんとも話しています。感染が落ち着いてからは、支援学級で汁物を口から食べて、残りを注入し、その後交流学級で固形のおかずを口に入れることに挑戦しています。ムラはありますが、意欲的に口に運んで味わう日もあり、お友達の姿を見て影響されているのかな、と思います。

（五）　連絡帳

入学式の前の話し合いで、連絡帳を、担任の先生・看護師・保護者の三者が共通して書き込めるものにしたいことを伝えました。ひまわり教室のおたより帳を参考にして、それを元に一日一枚をファイルに綴じていく形で十護に必要な情報や連絡事項を書き込めるものを、担任の先生が作って下さいました。その連絡帳のお陰で学校の様子、家での様子、聞きたいこと、確認事項などを共有することができています。

（六）　十護を知ってもらうこと

入学式に車いすで登場した十護は、おそらく誰の目にも止まったと思います。

事前の話し合いで、十護のことを伝える文章を私が書き、それをそれぞれのクラスで担任の先生が読み上げることにしていましたが、結局四月最初の全校朝会で伝えることとなりました。全校朝会は、コロナのために全学年が一堂に集まれないため、校内テレビ放送で行われています。私が作った文章は、「みのり3」の入り口に貼って読んでもらえるようにしました。写真と大きなひらがなの説明文で作りました。十護の担任の先生がテレビ放送で、画面にその文章を映して読み上げて下さいました。十護はこの放送によって全校の子どもと先生方に知ってもらい、学校のあちこちで声をかけてもらえるようになりました。「みのり3」に、学年を問わず子どもたちが遊びに来るようにもなりました。また、四月の終わりの参観日の後の学年懇談会で、説明文を一枚のプリントにして保護者に配布し、先生が説明して下さいました。

交流学級の一年五組では、クラスでの自己紹介の時間の最後に、十護への質問を私が答える時間を持たせていただきました。クラスの皆さんからは、たくさんの質問をしていただきました。特に、「好きな○○は何ですか?」という質問が多かったです。体調や病気の説明を聞かれると思っていましたが、みんなは自分と共通の話題を知りたいんだと、微笑ましく思いました。

このようにして学校での過ごし方を作り上げてみて思うのは、親の考えを素直に伝え、先生方の思いを聞く姿勢を持ち、大人が一つのチームとして取り組めば、医ケア児でもその子に合った教育と貴重な子ども時代の経験を積ませてあげることができるのではないか、ということです。

担任の先生も看護師さんも私も、どうしたら十護が無理なく過ごせるか、どんな形を目指すのか、起きた問題にどう対処していくかをそれぞれの目線で考えて意見を出し合って形にしています。三者で記入する連絡帳と送り迎えの際のやりとりで意思の疎通を図っています。また、ひまわり教室で放課後の十護の様子を見ている職員さんや日々の体調や発達をチェックして下さる訪問看護師さんと訪問リハのスタッフさんの、一歩引いた目線からの意見がいただけているのも、とても頼りになっています。そして、このような前向きな取り組みができるのも、交流学級である一年五組の担任の先生から「十護さんも五組の仲間」という気持ちがうかがえること、校長先生はじめ諸先生方の温かなまなざしがいただけていること、保護者の相談ごとにいつも丁寧に乗って下さり、快く何度でも指示書を書いて下さる主治医の先生のお陰だと思っています。

小学校の子どもたちや先生方の中で、十護は毎日楽しそうに、いろんなことに挑戦させてもらい、できることを増やしながら過ごしています。その姿を見て、地域の小学校に入ることができて本当に良かったと思います。

七、今、思うこと

十護と過ごしてきた今までで、いちばん動揺し思い悩んだのは、出生前後の頃です。妊娠中に二百分の一でダウン症かもしれないと伝えられ、生後すぐは命の危険もあり、一か月後にダウン症との診断が下りました。生まれつきの、一生涯抱えていかなければならない障害を告げられ、底のない穴に滑り落ちていくような感覚でした。

何故このような思いになったのか。それは、その時の私が、障害を抱えて生きることは苦労や偏見の目に会うことだ、と頭のどこかで思っていたからだと思います。自分とは縁がないことと、知ろうともせずに来ました。つまり、自分も偏見を持った一人だったのです。差別することは良くないことと分かっているつもりでも、実際自分に降りかかると、動揺し思い悩み、頭で分かったつもりになっていたこととは全く違っていました。

しかし、十護が育っていく間には、奇跡と思えるようなこともあり、ダウン症で疾患が複数あっても、十護には生きる力や生きたいと思う気持ちが強くあることを感じました。そして、周りには気にかけて助けて下さる人がたくさんいると気付きました。育つ環境を整えるのに親や家族だけでは難しいため、医療や福祉のお世話になりました。頼ることは情けないことのように考えていた私ですが、相手に感謝し、いずれは自分も誰かを支える側になる気持ちを持っていれば、頼っていいんだと思うようになりました。

ダウン症だと分かった時の暗くて重たい気持ちが、十護の子育てを通して少しずつ変化していきました。障害があってもなくても、人は強みも弱みも持っています。だからといって、弱みを隠したり卑屈に思わなくていいし、強いことをことさら強調しなくてもいい。自分が持っている「こうあるべき」という考えを一つずつ見直していくことで、十護がダウン症であることを受け入れ、日々のケアを大変なことではなく、日常の形ととらえることができたように思います。そして周りの人と、それが子どもであっても、支えたり支えられたりしながら関わっていけばいいんだと気付かされました。

ひまわり教室のお友達の中で十護が成長し、堂々と自分の丸ごとをさらけだして過ごす姿を見て、障害のある子どもたちは物事を受け入れる力のある、強い子どもたちなんだと思いました。十護のような子たちが、その子の個性を持って普通に暮らしている。それを知ってもらうことが、人と人の心の障壁を低くし、同じように思い悩む人の気持ちを軽くできるのでは、と思うようになりました。

就学を考える中で、呼吸器を付けた子は学校へ通わずに、自宅で先生の訪問教育を受けると知った時は衝撃でした。その後、国の法律が障害のある子への支援について幅を広げていきましたが、私は始め、十護は支援学校へ行くのが当たり前と考えていました。しかし、いろいろな学校を見学し、地域の小学校へ行くと決断した過程は、必死にその方向へ向かっていったのではなく、十護の姿や自分自身の気持ち、家族の暮らし方を考えるうちに、行けるのなら行かせてあげたいと、自然と思えました。

この原稿を書くにあたり、長女（当時大学四年）に、十護が地域の小学校に通っていることをどう思うか聞いてみました。「学校が上がるにつれて、だんだんと周りが同じような考え方や境遇の人になっていくと考えると、小中学校の時にいろんな子と関わっておくことは大事だと思う。自分も小中学校と大学では障害のある人が身近に通っていたから、十護が普通に小学校に行くのは当たり前のように思っていた」とのことでした。上の子四人は、十護が地域の小学校に行くことに反対しませんでした。いろんな子が普段から同じ場所で過ごすことは、障害を持った子の世界を広げることになりますが、同時に、周りの子どもにとっても同じことが言えると思います。

ダウン症と医療的ケアがあって生きる十護と、共に過ごす私たち家族。今の学校生活やその先でもいろんなことが起きると思いますが、周りの人に感謝と尊敬の思いを持ち、自分たちの暮らしや考えも大切にして、良いことも困りごとも共有して分かり合いながら、明るく前へ進んでいきたいと思います。

第七六回全国人権・同和教育研究大会（二〇二三年）

追記　その後のことなど

小学校三年生になった十護の様子などを記します。

学校は朝八時十五分、みんなの登校時間に合わせて登校できるようになりました。学校看護師さんの配置時間を、その時間からにしていただけたからです。入学当初よりそのことは希望しており、三年生になった時に実現しました。つながりの会からの要望書提出などのおかげです。

担任の先生が、男性の若い先生になりました。一、二年生の時は女性の先生でしたが、退職されました。一、二年の時の先生には、酸素ボンベを付けた十護と一緒にプールに入るなど、とても良くしていただきました。新しい先生には、授業（特に交流学級）の内容を十護が学び取れる形にしてほしいこと、十護と他の子どもとの間を取り持つ役割を担っていただきたいこと、この二点をお願いしました。私は、先生方と看護師さんに、全幅の信頼を持って接することを心掛けました。

担任の先生は、徐々に十護と良い関係を築いていきました。手を出しすぎず、見守ることも大切にされているようで、そのお陰で十護が普段の生活の中でのできること（歩行器から椅子への移乗、靴を履く、片付けなど）が増えました。

連絡帳は大事な存在です。先生からの欄には始めは必要な連絡事項だけが書かれていることが多かったので、学校の様子を知りたい私は、家での訪問看護師さんの意見や訪問リハでの様子、放課後デイサービスの様子をしっかり書くようにしました。すると先生もだんだん授業などの様子を書くようになって下さいました。学期末の通知表渡しでは、教科ごとに取り組んだ内容やそこでの十護の姿を詳しく書いたものを下さいました。家での十護とは違った様子を知ることができました。少し大げさですが、涙なくしては読めないような、感動的な書面となっていました。

秋に育友会の行事で「フェスタよねまる」というのがありました。学校がお祭り会場になる楽しい行事です。一、二年生の時はコロナで中止となったので、今回初めて参加しました。子どもや保護者で会場が賑やかな中、歩行器でスーパーボールすくいやサッカーボールをゴールさせるコーナーをまわりました。「十護と歩いていると、みんなはどんな反応をするのかな？」とちょっとドキドキしながらいましたが、意外と皆さん普通でした。タッチする子、「あ、十護君だ」という顔をする子、「十護君のお母さん、マジ初めて見た！」と言ってくる子、ぶつからないようにすっとよけてくれる子。いちばん多かったのは、視界に入ってもそれが当たり前のようにしている子たちでした。係の保護者の方は、十護に合わせてやりやすくしてくれる人もいれば、特に他の子と変わらない対応の人もいて、私はとても気が楽でした。

今、「気が楽でした」と書いて、十護と過ごした中で、「気が楽になることって、そんなにないことだな」と考えていた自分に気付きました。障害のある子の親がたどり着きたい境地は、もしかしたら、この「気楽におれること」なのかもしれないと思いました。

ひまわり教室と出会って、障害のある子のいろんなことを学び、知り、気付かされ、背中を押されるように地域の小学校に入りました。普通に生まれた十護のきょうだいと違い、たくさんの準備と心構えとやり取りが必要でした。

今ここで思えることは、十護のお陰で私は、自分の足りないところや考え方の癖を知ることで、人間的に少しは深みが出ているといいな、ということです。十護については、子ども同士の関わりによって大きく成長させてもらい、かけがえのない小学校生活を過ごせていると感じています。大人の考えだけで狭い世界に閉じ込めるようなことをせずに来られて良かったと思います。

これからも十護との日々は続きます。これからの世の中が、十護だけでなく、どの子も持っているその子らしさを輝かせることのできる世の中となることを願いつつ、信頼し合える関わりを家族ともども、ずっと大切にしていきたいと思います。

第Ⅲ部　ひまわり教室とつながって

障害のある子どものアドボカシー

堀　正嗣

はじめに

私が初めて執筆したのは、『「障害児」保育の現在』（曽和信一・堀智晴・堀正嗣・山下栄一共著、一九八三年、柘植書房）という本でした。当時私は大学院生で、インクルーシブ保育教育の研究を志していました。本の執筆のために定期的に開催される研究会で、私は先輩方から大切なことを教えていただきました。

その一つが、この研究会の中で堀智晴さん（大阪市立大学教員・当時）から、ひまわり教室のことを伺ったことです。地域に根差して、差別と闘い、共生保育を創り出そうとしている通園施設が石川県にあると伺い、感銘を受けました。それから徳田茂さんとひまわり教室の本を買い求め、夢中で読みました。

ひまわり教室の、あるがままの子どもを一人の人として大切にする姿勢、おとなも子どもも一人ひとりの声と気持ちを大切にして耳を傾け、支えあう姿勢、子どもの側に立って自分のあり方を見つめ直そうとする姿勢が素晴らしいと感じました。このことをご縁に、幸いなことに何度もひまわり教室に伺う機会をいただきました。そのたびに、至らない私を大事にしていただき、温かさと優しさで包んでいただきました。これこそが共に生きることだと感じて、ありがたい気持ちでいっぱいです。

私はいま子どもアドボカシーの研究と運動を仲間と一緒に行っています。子どもアドボカシーについて考える時、ひまわり教室のことをよく思い出します。ひまわり教室の実践は、重い障害のある子どもに寄り添ったアドボカシーそのものだからです。

一、アドボカシーとは

英語のアドボカシー（advocacy）はラテン語の「ad（誰かに向かって）＋vocō（呼ぶ）」を語源とする言葉で、英語で言えば「to call」（声をあげる）という意味です。たとえば川でおぼれている子どもの場合、子ども自身が「助けて」と声をあげることは難しいかもしれません。でも目撃したおとなが、あるいは友達が、「大変だ、助けて」と声をあげることは可能で、その声を聞いて集まって来た人たちがその子を助け出すことができるかもしれません。そのように、権利を侵害されている当事者のために声をあげることがアドボカシーです。

人は誰でも悩みや問題を抱えたり、権利侵害にさらされたりすることがあります。そして一人で解決することが難しく、誰かの助けが欲しいと思うことがあります。そのため、アドボカシーはすべての人に必要です。

しかし障害者、高齢者、患者、性的少数者、在日外国人などのマイノリティ（被差別少数者）には特に必要となります。子どもも差別を受けているマイノリティです。虐待や暴力、搾取、ネグレクト、貧困、蔑視や声を聴かれないことなど、「子どもだから」という理由で酷い扱いを受けている子どもたちが大勢います。こうした子ども差別のことを英語でアダルティズムと言います。アドボカシーはアダルティズムとの闘いなのです。

子どもアドボカシーの先進地である欧米では、「子どものマイクになること」（イギリス）、「子どもの声を運ぶこと」（イタリア）、「子どもの声を持ち上げること」（カナダ）とアドボカシーを説明しています。子どもの声は小さくて、おとなや社会に届きません。社会では「声の大きい人」、つまり力（権力）のある人の意向で物事が決まっていきます。そうした中で、力の弱い子どもの声は無視されたり、軽視されたりしがちです。このような状況に置かれている子どもの声を大きくして、子どもたちの暮らしや人生、社会のあり方に影響を与えられるように支援する活動がアドボカシーです。

二、障害のある子どものアドボカシー

イギリスでは、障害のある子どもは、特にアドボカシーが必要な子どもと捉えられています。障害児にとってアドボカシーが重要な理由をイギリスのナイトたちは次の3点に整理しています。

①子どもを低く価値づけるとともに、障害児をとりわけ脆弱で保護が必要な存在と認識する社会で育つこと。

②障害児は虐待とネグレクトの対象になりやすいこと。

③障害児は施設に入る事が多く、いくつかの施設ではいまだに虐待が行われていること。（Knight, A. and Olive, C.M. (2008) Providing Advocacy for Disabled Children, Including Children without Speech, Olive, C.M and Dalrymple, J. eds. Developing Advocacy for Children and Young people, Jessica Kingsley Publishers.）

障害児に対する権利侵害は具体的には②・③の形で現れます。国連子どもの権利委員会は「一般的意見9号」で次のように指摘しています。

障害児が虐待の被害者となる確率は〔障害のない子どもの〕5倍である。家庭や施設において、障害児は精神的・身体的暴力ならびに性的虐待の対象とされることが多く、また家族にとってはさらなる身体的・財政的負担となることが多いためにネグレクトや怠慢な取扱いもとくに受けやすい。加えて、適切に機能する苦情受理・監視制度にアクセスできないことが、組織的かつ継続

的な虐待を助長する。学校でのいじめは子どもが被害を受けやすい立場にさらされる特有の形態の暴力であり、たいていの場合、この形態の虐待では障害児が標的とされる。

様々な場で虐待やいじめが起きやすい背景には、「脆弱で無力な存在」と捉える障害児観があります。私たちは、このような障害児のとらえ方と闘っていく必要があります。大切なのは、「障害児は自分では何もできないからアドボカシーが必要だ」と考えないことです。そうではなくて、「障害児を無力な存在」にしている社会のあり方に抵抗することが必要なのです。

脊椎カリエスの障害を持って、中学時代、施設生活を送っていた樋口恵子さんは、次のように書いています。

母親に勉強しながら治療ができるところがあるから行ってみないかと勧められ、肢体不自由児施設に中学校二年になる時に入りました。私は自分が人と違うという事を早くから気付いていていたので、自分のことは自分で説明しなければと思っていました。しかし、施設に入った時に、自分の事を説明することがわがままだと言われました。簡単なことなのですが、施設に入って三日目に総婦長さんが「慣れましたか?」と部屋を回ってきた時に、「足が冷えるので家からタオルケットか何か持ってきてもらっていいですか」と聞きました。そうしたら、「一人だけそんなわがままは許しません」と言われまして、ここでは、そういうことを言うことはわがままだと言われるのだということを学んだわけです。

（樋口恵子『エンジョイ自立生活』現代書館、一九九八年）

子ども時代を施設で過ごした障害のある仲間たちから、同じような経験を私は聞いてきました。施設や学校などあらゆる場で、おとなの都合で障害のある子どもを分けたり、生活を管理したり、意見や願いを聴かなかったり、尊重しないことが繰り返し行われてきたのです。このように子ども差別と障害児差別という二重の差別の交差点にいて、権利侵害を受けやすい障害児こそ、アドボカシーが最も必要な子どもなのです。日本における子どもアドボカシーの運動と制度化を考えていく時には、最も不利な立場の子どもたちのアドボカシーがしっかりできるようにしていく必要があります。そのようになれば、すべての子どものアドボカシーの実現に繋がっていくと思います。

部落差別に対して運動してきた河内水平社の北井正一さんは「救われ難い最後の一人の立場に立つ時に、私たちは本当の生き方があるのだ」とおっしゃいました。私もそう思います。アドボカシー活動の中には、地域の学校や特別支援学校、放課後等デイサービス、障害児施設など、障害のある子どもたちのところに出かけていく訪問アドボカシーもあります。最も意見表明の難しい障害のある子どもたちにアドボカシーをしっかりと届けていくことが、すべての子どもたちにアドボカシーを届けることに繋がっていきます。見えない存在にされている重い障害のある子どもたちが、本当に権利が守られる社会が実現した時に、すべての人たちの権利が守られる社会になると私は思います。

三、子どもの意見表明権

保護の対象から権利行使の主体へと子ども観を転換したのが、国連子どもの権利条約の画期的な意義でした。それを象徴的に表しているのが、子どもの権利条約十二条の意見表明権です。

第十二条

1. 締約国は、自己の意見を形成する能力のある児童がその児童に影響を及ぼすすべての事項について自由に自己の意見を表明する権利を確保する。この場合において、児童の意見は、その児童の年齢及び成熟度に従って相応に考慮されるものとする。

2. このため、児童は、特に、自己に影響を及ぼすあらゆる司法上及び行政上の手続において、国内法の手続規則に合致する方法により直接に又は代理人若しくは適当な団体を通じて聴取される機会を与えられる。

第1項は「児童に影響を及ぼすすべての事項について自由に自己の意見を表明する権利」を規定しています。これは、晩御飯のおかずやお小遣いの額、門限、家族旅行の行き先、休日の過ごし方などの日常生活に関わることから、就学する学校や進路、治療や手術、虐待などで保護される際の措置や援助のあり方、学校や施設での規則、自治体が定める条例、国会が制定する法律にまで及びます。

第2項は「聴取される機会（の保障）」を規定しています。これは「聴かれる権利」（The right to be heard）とも言われます。たとえば、虐待などで保護された際に、施設で生活するのか、里親家庭で生活するのか、祖父母一緒に住むのか、自宅に帰るのか、など様々な選択肢があります。どうしたいのかを子どもは「聴かれる権利」があります。罪を犯した子どもには、少年審判や児童相談所の措置決定の際に、「聴かれる権利」があります。両親の離婚や別居の際にも、子どもは誰と暮らしたいのかを「聴かれる権利」があります。障害のある子どもの就学や進学にあたって、地域の学校の通常学級に行きたいのか、特別支援学級や特別支援学校に行きたいのかを「聴かれる権利」があります。

特に人生を左右する司法上・行政上の決定が行われる際には、理解できるように情報が提供され、その上で意見を聴かれなければ、子どもは意見表明ができません。今何が起きているのか、どのような選択肢があるのか、自分にどのような権利があるのかが、わからないからです。聴かれる機会が保障されなければ、子ども自らが決定に影響を与えるように意見を表明するのは不可能なのです。

そして、コミュニケーションに困難がある障害児は、意見表明の際に「障害及び年齢に適した支援を提供される権利を有する」ことを国連障害者権利条約第7条は規定しています。障害がなくても、子どもたちは成長発達の途上にあるため、決めようとしている事柄に関して理解できる表現で情報を提供し、意見をまとめるのを支援する必要があります。言葉で意見を表明することが難しい障害児や乳幼児は、おとなが子どもの気持ちを感じ取り、それを代弁する必要がありま す。そして、子どもが意見を表明したいと思った場合には、会議や聴聞、裁判などの意見表明の場に同席して、支援してくれる人が必要です。それが子どもアドボケイトの役割なのです。

四、子どもの景色を一緒に見ること

子どもの権利条約十二条の中には「自己の意見を形成する能力のある児童が…中略…自己の意見を表明する権利を確保する」と書いてあります。「自己の意見を形成する能力がある児童」とはどのような子どもたちなのでしょうか。障害のある子どもたちたちはそこに含まれないのでしょうか。

国連子どもの権利委員会「一般的意見7号（二〇〇五年）」は、「もっとも幼い子どもでさえ、権利の保有者として意見を表明する資格があるのであり、その意見は『その年齢および成熟度にしたがい、正当に重視され』るべきである」と述べています。「もっとも幼い子ども」というのは、生まれたばかりの赤ちゃんです。生まれたばかりの赤ちゃんや重度の知的障害児は、言葉で自分の意見を表現することはできないかもしれません。でも、泣いたり笑ったり、怒ったり、緊張して体を固くしたりするなど、いろいろな形で周りに気持ちを表現しています。これがその子の意見表明です。その気持ちをしっかりと受け止めて、子どもたちは何を求めているのかを理解する努力をおとなはしていかなくてはなりません。重い障害のある幼い子どもたちも、「自己の意見を形成する能力がある児童」であり、意見表明の主体なのです。

また、意見だけでなく「気持ちの尊重」が必要だ、とも子どもの権利委員会は言っています。おとなもそうですが、言葉ではっきり意見として表現できる前に、「怖い、悲しい、嫌だ、うれしい、よかった」というような気持ちがあります。気持ちが意見を形成していく根っこです。このことを私は「子どもの景色を一緒に見る」と表現しています。そもそも子どもの権利条約で使われている「意見」は英語のビュー（view）を翻訳したものです。オーシャンビューやストリートビューなどの言葉にみられるように、ビューとはそもそも景色を意味しています。子どもと触れ合ったり、遊んだり、暮らしを共にすることで、子どもの気持ちと世界の見方を理解すること、それが「子どもの景色を一緒に見る」ことです。つまり子どもと共に生きることがアドボカシーの根っこになります。

五、アドボカシーは共に生きること

「アドボカシーは、…中略…平等、社会正義、ソーシャルインクルージョンを促進する」（Lee, S. (2007) Making Decisions: The Independent Mental Capacity Advocacy Service. London:

Mental Capacity Implementation Programme.）とイギリスでは言われています。障害のある子どもは学校や保育所をはじめ、様々な場で「来ないで」と言葉や態度で言われてきました。学校や保育所などに入れたとしても、仲間外れにされたりいじめられたりして、傷ついたり一人ぼっちになることもよくあります。私もそうした経験を持つ一人です。こうした時に100%自分の味方になって気持ちを聴き、慰め、一緒に声を上げてくれるおとながいたら、どんなに良かっただろうと私は思います。それが子どもアドボカシーの研究と運動を始めようと思った動機です。

アドボカシーは、子どもの声と気持ちを聴き、子どものビューを一緒に見て、「仲間外れにしないで」、「一緒に生きていこうよ」と子どもと一緒に声を上げることです。言い換えれば、障害児の平等、社会正義、インクルーシブ教育を求めて声を上げることが障害児アドボカシーの本質なのです。それは、差別やいじめ、仲間外れなどで苦しんでいる人がいたら、自分も苦しみを感じ、不平等や不正、差別に対して憤りを感じて自らの身に危険が及んでも声を上げようとし、他の人を助けること／助けられることに大きな喜びを感じるという人間の本性に根差すものです。

石川県にひまわり教室があることが、私の／私たちの希望です。ひまわり教室のことを思うたびに、心が温かくなり、励まされます。これからもひまわり教室のみなさんと一緒に、不利な立場の子どもたちと共に生き、排除や差別に抗して声を上げ続けていきたいと願っています。

ひまわり教室と出会って

柚木《ゆうき》 光《ひかる》

一、ひまわり教室との出会い

もう四〇年以上前のこと、金沢市のＡ中学校に勤めていた頃、ボクはそれなりの力量がある教員だと思い込んでいました。当時のＡ中学校は学年一〇数クラスというマンモス校で「荒れた」生徒たちもかなりいましたが、彼らともそれなりの関係を持っていると自負していました。学年が三年になった時、転校生Ｋさんが入ってきました。かなり「荒れた」生徒でした。しかし、彼は「荒れた」生徒たちの間でも馴染まず、一人きりでいることが多い生徒でした。ある体育の授業中、生徒の持ち物から財布が無くなる「事件」が起きました。その時、Ｋさんは授業を休み、「見学」中でした。Ｋさんの担任が、Ｋさんが関連していると思うが、自分は怖くて問い詰められないと言うので、代わって隣のクラス担任のボクがKさんを問い詰めました。Kさんは財布を盗ったのは自分ではないと言い続けました。ボクは「状況証拠」を挙げてKさんを質《ただ》しましたが、Kさんは認めませんでした。そのことがあって以来、Kさんはことある毎にボクに「暴力」を振るうようになりました。それまで自分が関わった生徒から「暴力」を受けたことがなかったボクは精神的に疲れました。しかし、思えば悪いのはボクなのです。Kさんを盗んだ「犯人」と決めつけ、厳しく問い詰めたこと、それがどれだけKさんを追い込んだのかということに、当時のボクは思い至れなかったのでした。そんなことがあり、「自信満々」だったボクは一転して正直学校に行くのも嫌になり、「この先どうしようかな?」とまで悩んでいたのですが、そんな時、ある先輩教員に「柚木君、近くにひまわり教室という障害児通園施設がある。そこに行っていろいろな話を聞いてみることや」と言われ、一九八二年のある日、ひまわり教室を訪れたのがひまわり教室との出会いでした。

二、ひまわり教室のお母さんの思い

ボクがひまわり教室を初めて訪れた時、お母さん方の学習会が行われていました。その会で、あるお母さんが「私がこの子を産んだ後、この子が重い障害を持っていると知らされた時、私はこの子を殺して自分も死のうと思った。でも私の腕の中のこの子の顔を見つめていると、そんなことは到底できないと心から思った。私はこの子と生きていくことを決めた」というようなことを語られました。ボクは何も発言することはできず、じっとお母さん方の心からの思いを聞いていました。それまでもボクはそれなりに我が子に対する親の思いは聞いてきたつもりでしたが、この場でお母さん方が発する言葉は赤裸々でかつ真摯なものであり、ボクはその時、自分が教員として何といい加減であったのかと痛感させられ、もう一度このお母さん方に学びながらやっていこうと思いました。その後、学校はB中学校に代わりましたが、たまにひまわり教室に通ってはお母さん方の話を聞かせていただく機会を持ちました。

そんな時、出会ったのがMさんでした。Mさんの子、Sさんは地域の小学校に通学していましたが、中学進学のとき、金沢市内のC中学校特学分校への進学を薦められます。しかし、Sさんには皆と一緒の学校へ行きたいという思いがありました。お母さんは当該学校への要請や市教委との交渉を粘り強く行った結果、地域のE中学校への進学を果たします。その時、いちばんの応援団だったのは周りの同級生たちでした。ボクたち（石川県教組金沢支部「人教育分科会」のメンバー）も応援の隊列に加わりました。

次に出会ったのがDさんでした。Dさんの子どものSiさんはダウン症でした。三〇数年も前、「重い」障害のある子が地域の学校に就学・進学するというのは並大抵のことではありませんでした。「養護学校が適している」「特殊学級が相応」という「就学指導」が教育行政からは強く行われました。したがって、それに抗して地域の学校の普通学級へ我が子を通わせ、地域の子どもたちと交わらせたいという親の思いは「我が儘勝手」とされ、結果として教室での親の付き添いを余儀なくされました。それでもDさんはSiさんを地域の子どもらと一緒に学ばせたいと思い、地域のF小学校への入学を果たしたのでした（六年後、中学校も地域の中学校への進学を果たします）。

SさんやSiさんの普通学級就学には凄まじいまでの親の教育行政との闘いが必要でした。そうした親たちを徹底的に支援するひまわり教室や若干のボクたちの応援もあり、大変な苦闘の歴史を刻みつつ、石川の地で「共生共育」の営みは前進していきました。障害のあるなしで何故、地域の友だちと分けられなければならないのか。何故、障害のある子の親は義務教育学校で付き添いをしなければならないのか。ここに障害児教育が差別と向き合う教育である原点が存在しています。

三、共に歩むということ

石川県教職員組合（略称・県教組）金沢支部に「障害児の親と共に歩む教職員の会」（「共に歩む会」）ができたのは一九九二年だったと思います。障害のある子とない子が一緒の教室で学び、遊ぶという当たり前の空間が当時の金沢を含め、石川の地ではほとんどありませんでした。当時、ボクは県教組金沢支部の教文部長でした。一〇年ほど前、「ひまわり教室」の障害のある子どものお母さんたちとの貴重な出会いがあり、そこで学んだ「共に生きる」という根源的な思いが「共に歩む会」の前提でした。その当時、我が子を地域の学校へ通わせたいと願う若い親たちとも協働しながら、「共に歩む会」は障害児の普通学級就学を目指し、取り組んでいきました。その中心メンバーには重い障害のある子の父親であり、我が子を地域の普通学校へ通わせている教員のKさんもいました。ひまわり教室の職員も親たちと一緒に参加していました。

当時は、障害児は障害児学校に行くのが当然だというのが大勢の意見でした。したがって、この「共に歩む会」の活動には学校現場からの抵抗の声は少なくありませんでした。当時は「共生共育」という概念は圧倒的少数意見でした。現場の教職員からは「障害児を抱えるのは今の学校現場では無理」、「何故、組合は我々の労働環境を悪化させるようなことをしようとするのか」といった意見も発せられました。「共に歩む会」では時折、親たちと教職員がかなり厳しい論議を交わすこともありましたが、そうした経緯の中で、障害がある我が子を地域の子と一緒の学校へ通わせたいという当たり前のお母さんたちの思いを、この「共に歩む会」で教職員に発信していくことができていったと思います。

その後、紆余曲折を経て「共に歩む会」は現在、開催されていないようですが、三〇年以上も経った現在もまだ「共に歩む社会」が実現していない現実を踏まえれば、どんな形態であるにせよ、復活させて欲しいと願います。この三〇年ほどのボクたちの歩みは遅々たるもので、果たして前進したのかと問われると、正直「?」と言わざるを得ません。ですが、かつては無理だと思われていた医療的ケアが必要な子どもたちの普通学級在籍や高校・大学進学も、少数ながら、これまでの取り組みの成果として石川の地で果たしてきました。障害がある人とない人が共に歩むという当たり前の社会を求める活動を今後とも拡げていきたいと思います。

四、インクルーシブ教育のこと

インクルーシブ教育という言葉が認知度を得たのは二〇〇四～五年のころだと思います。ボクは当時、日本教職員組合障害児教育部（日教組障教部）常任委員をしていました。当時の文科省が鳴り物入りで導入しようとしていた「特別支援教育」の評価を巡って、日教組障教部内部でも様々な意見が交錯していました。それまで障害がある子は障害児学校在籍が大前提でした。「特別支援教育」は普通学校でも行うことが可能になるシステムとして評価する意見もあれば、「特別支援教育」は根本的にインクルーシブ教育とは異なるシステムだという意見もあり、日教組としての統一見解は当時、出されなかったと思います。

二〇〇七年度に「特別支援教育」は制度化され、全国的に実施されていきます。それまでの「特殊教育」という差別的な響きを持つ言葉は「特別支援教育」に、「特殊教育諸学校」は「特別支援教育諸学校」に、普通学校に設置されていた「特殊学級」は「特別支援学級」と呼称が変更されました。それから二〇年近くが経ちました。結果は何も変わらず、否、我が国の分離教育はさらに強固なものとなってきていると言わざるを得ないのが現状です。一九七〇年代半ばから始まった我が国の少子化傾向は近年拍車がかかり、子どもたちの減少に歯止めがかかりません。各学校の児童・生徒数も減少の一途です。そうした中で、なんと「特別支援学校」や「特別支援学級」に在籍する子どもたちだけが増加しているのです。ここ石川県も金沢市も全く同じです。二〇一四年、我が国は障害者権利条約を批准しました。二〇一六年には障害者差別解消法が施行され、合理的配慮の提供が義務づけられました。しかし日本社会はインクルーシブな方向へは進んでいません。とりわけ学校教育の世界における分離・別学体制の強化の根底に文科省が推進する「特別支援教育」があるといえます。

二〇二二年九月に国連障害者権利委員会は日本政府に勧告を出し、分離教育の中止、精神科病棟への強制入院の禁止等、多くの改善の方策を示しました。しかし、日本政府はこの勧告を無視したままです。

インクルーシブ教育は障害のあるなしにかかわらず、すべての子どもたちが同じ場で分け隔てられることなく、共に学び、共に育つ権利を保障する教育です。特別な教育ではありません。当たり前の教育です。世界の教育の趨勢はインクルーシブ教育です。我が国の教育行政だけがそこに背を向けています。先述した金沢のC中学校特学分校は昨年三月で廃校となりました。それまで同じ校舎にあったC中学校（普通学級）は昨年四月よりG中学校として別の場所に開校しましたが、そこに分校が一緒に移転することはありませんでした。この四月より、それまでもあった

Ｈ小学校Ｉ分校と一緒の校舎となり、Ｇ中学校Ｉ分校となりました。これまではそれぞれの小中学校にあった分校が、一つの校舎の中にまとめられたのです。金沢市立ミニ特別支援学校が開校したということです。分離教育はさらに進められています。これが我が国のそして石川県・金沢市の教育現状です。

五、「教育研究集会」のこと――結びに変えて

石川県教組の財産に「教育研究集会（教研集会）」という、教育実践を報告し検討する研究会があります。敗戦後まもなく結成された県教組の歴史と共に歩んできたのが、この教研集会でした。盟友の石川県高教組とともに七〇年以上にわたり営々と自らの教育実践の証を積み上げてきた両教組の財産です。県教組の各支部で「支部教研集会」が年三回ほど開催され、毎秋に県教組と高教組合同の「石川県教育研究集会（県教研）」が開催されてきました。「県教研」は教科別分科会と問題別分科会で構成されてきました。どの分科会に所属するかは個人の自由です。

ボクは金沢の学校に赴任して数年、ある先輩教員の誘いで「人権教育分科会」に所属しました。そこでは在日韓国朝鮮人の子どもたちのこと、「荒れた」子どもたちのこと、障害のある子どもたちのこと、そして石川県ではなかなか出会うことができない部落差別の問題等が討議されていました。ボクはそこでつたない実践報告を何度か行い、分科会参加者や共同研究者からの様々な

意見をもらいました。そのことは本当にボクの大きな財産となりました。ボクが教員を続けられてきたのはその財産のおかげだと思っています。

一九八九年春、ボクは進行性筋ジストロフィーという難病を抱えながら普通学校のA中学校に通っているMaさんを転任早々担任します。中学校最大の生徒の楽しみである修学旅行にMaさんは行かないということでしたが、ボクは腑に落ちず赴任後まもなく家庭訪問してお母さんやMaさんの思いを聞きました。その時、聞いたMaさんの「やっぱり修学旅行へは行きたい」との思いを実現すべく、学年教職員集団や校長に働きかけ、Maさんの修学旅行参加を母親の付き添いなしで実現しました。そのことを通してMaさんは障害があっても諦めなくてもいいんだとの思いを育み、やがて彼は普通高校受験に臨み、車いすで生活する生徒としては石川県内で初めて普通高校合格を果たします。そのことをボクは全国の教職員が集う「全国教育研究集会」で報告させてもらいました。

一九九八年、ボクは石川県教組の専従執行委員となり、日教組障教部常任委員にもなりました。そんなボクにひまわり教室の徳田さん（長年、県教研の「障害児教育分科会」の共同研究者を務めていました）から「柚木さん、日教組障教部の常任委員もしているのだから、県教研『障害児教育分科会』の共同研究者をしてはどうか」と話があり、以後、一〇数年間、県教組専従を辞めるまで、ボクは県教研障害児教育分科会の共同研究者をさせてもらいました。この県教研「障害児教育分科会」には、特筆すべく事柄として、参加者の中に教職員だけでなく障害のある子どもを持つお母さんが多数参加していることがあります。そのことが分科会の緊張感を保ちつつ、一方で共感溢《あふ》れる教育実践の交流の場となりえたのでした。お母さん方の意見や報告は本当に心温まるもので学校批判などほとんどありませんでした。だからこそ参加していた教職員が共感でき、かつ自己の実践を切磋琢磨する機会となったと思います。こうした県教研での真摯な教育実践研究討議がその後、共生教育を石川の地でも一定程度根付かせる要因になったとボクは確信しています。

その誇るべき「県教研」が今、かつてのようには開催されていません。要因は現場の超多忙化、教職員の閉塞化と分断です。教職員の多忙化が叫ばれて久しくなります。確かに今の教職員はかつてとは比較にならないほど多忙だと推測されます。こういう話が聞こえてきました。「わたしたちはこんなに忙しいのだから、もう組合の教研集会など止めてほしい」。このことを聞いた時、ボクは悲しくなりました。忙しければこそ、自らの授業を問う作業が必要です。そして教研の場で仲間や保護者たちと真摯にその実践を問い直すことが、現場の多忙化に抗する最大の武器なのです。ボクは改めて「石川県教研集会」の再構築を、この場を借りて、ずっと参加し続けてくれてきたひまわり教室の皆さんと共に石川県教組と高教組に望むものです。

ひまわりの花は咲き続ける

吉田 詩弓《うたみ》

一、ひまわり教室との出会い

私が初めてひまわり教室を知ったのは一九八七年で三七前年です。今年四四歳になるYちゃんという子が私のいる学校に入ってくる時でした。Yちゃんは知的障害と肢体不自由を併せ持つ子でした。入学式前の職員会で、「ひまわりの運動家である親が子どもを地域の学校に入れようとしている」という話で知りました。「何でそんな子を学校に入れるのか、入れて何になるのか」という話がなされました。当時の私もそう思っていました。学校は厳戒態勢で臨み、Yちゃんの担任は体力面や母親との対応のために、Yちゃんが転校する五年生までずっと男性でした。

Yちゃんが入学してから、母親はずっとYちゃんに付き添っていました。教室にいたり、廊

下にいたり、給食を食べさせたりしていました。Yちゃんが四、五年の時、私も同じ学年にいましたが、Yちゃんがいるからと配慮することもせず、遠足は倉ヶ岳登山でした。当時の担任は一八〇センチメートルくらいの若い男性でしたが、Yちゃんをおんぶして倉ヶ岳を登ったのは、ボランティアで来ていた徳田さんでした。五年で合宿に行く時は、ちょうど母親が赤ちゃんを産んで間もない頃で、母親は、「付き添いはできない」と言いました。けれども私たちは母親を説得し、結局母親は合宿の付き添いに来ました。一日目の活動が終わった時、母親が私たちに話をしたいと言いました。私は、母親が「付き添いをしなくていいと言ったけれど、やっぱり来てよかった」と言うと思っていました。けれど母親は、「自分はついて来るべきではなかった」と言いました。私たちはとても驚きました。Yちゃんが同じ学校にいる間、私はYちゃんの母親の気持ちを分かろうとすることはありませんでした。

二、同和教育との出会い

当時の私は道徳の授業作りに力を入れていました。人権について考える授業をする時に、障害のある人（例えば星野富弘さんなど）のことを取り上げ、授業の終わりに子どもが「障害があってもがんばっていてえらい。健常な私たちはもっとがんばらなくてはいけない」と感想に書いてあれば、授業は成功したような気になっていました。そんなレポートを組合の研究集会の人権教育分科会に出したところ、分科会の人たちから「差別のばらまきだ」「授業をやり直せ」と激しく批判されましたが、何を言われているのか本当に分かりませんでした。
それからしばらくして全国同和教育研究大会に行くことになりました。識字という分科会がどんなところかも分からないまま、その分科会に参加しましたが、あるおばあさんの報告がとてもショックでした。

「家が貧しくて、つぎのあたった短い着物を着、冬でもわら草履をはいて学校に行った。みんなに汚いと嫌われ、先生も自分にふれるのをさけ、遅刻したらけったりふんだりした。学校へ行ったり、行かなかったりしたが、休んでも誰も声をかけてくれず、たまにいっても勉強は分からなかった。先生に「どういう字?」と聞いても答えてくれなかった。ある日、先生に怒られて、一日中廊下に立たされた。夕方になっても立たされた。帰りが遅い事を心配して母親が迎えに来たとき、その先生はもう帰っていた。母親は、もう学校なんていかんでいいと言いました。私から文字を奪ったのは先生です。」

フロアからはまだ若い人たちが、結婚や就職で差別に合っているという話をされました。私は、全同教大会に出て、このおばあさんをはじめ、今この時代にも部落差別のために苦しんでいる人たちがいることを初めて知りました。

また会場に「青い芝の会」の人がいて、「先生たちは『学んだ、学んだ』といつも言っているけれど、いつまで学んでいるんだ」と言われました。ゆっくりとした聞き取りにくい話し方でしたが、会場の人は静かに聞いていました。私は初めて障害のある人の話を直《じか》に聞き、そんなことを考えているんだと驚きました。障害者に会うこともなく、ただ本の中の、しかもがんばる障害者を取り上げて授業をしてきたこと、「障害者差別というものがあるけれど、障害のある人たちも頑張っているんだよ」と上から目線で子どもたちに言っていたことに気づきました。なぜ「差別のばらまきだ」「授業をやり直せ」と批判されたのかもやっと理解できました。

その後、多くの親や子どもとの出会いがあり、学校や教師に意見を言ってくる親にはわけがあること、気になる子どもは困難をかかえていること、そんな当たり前のことにやっと気づきました。

六歳の子どもが学校という社会に出ていく時に「あなたはこっちじゃないでしょう」と言うことは差別であること、みんなと同じように地域で育っていくことは当たり前であることなどを学び、親に付き添いを求めたり、何も配慮しなかったり、親の気持ちを全く分かろうとしなかったことなどを、Yちゃんの母親に謝りました。

三、「特殊学級」の担任になって

それから一〇年くらい経って、一九九八年に金沢市では障害のある子が二人いれば特殊学級を設置することができるようになりました。現在、「特別支援学級」と言われていますが、一九四七年から二〇〇六年までは「特殊学級」という呼称でした。その年、金沢市内の五校で開設されることになり、当時私が勤務していた学校もそのうちの一校で、私は特殊学級の担任になりました。子どもたちに見える名簿、ロッカー、げた箱などはどの子も一緒でしたが、指導要録、出席簿、教育目標など、見えない部分は全部違いました。

交流学級の担任には、その子たちも含めての担任であるという意識を持ってもらい、なるべくどの子も同じクラスで過ごせるようにしてもらいました。けれど、障害のある子がいるために一斉指導ができないことに担任は疲れ、それを見かねた管理職に「このままのやり方はだめだ」と何回も言われました。空き時間に「子どもたちの様子を見にきてください」と他の先生方に言っても、「やっぱり一緒にするなんて無理なんだ」と言われたこともありました。いちばん堪《こた》えたのは、「自分がしていることで他の人（担任をはじめとする教職員）に迷惑をかけていて、吉田さんだってつらいでしょう」と言われたことでした。自分がその学校で六年目であったり、学年担任の経験があったりしたので、思うようにやらせてもらっていましたが、ひまわり教室や同和教育との出会い、共生の教育を求めるという意識がなかったら、やっていけなかっただろうなと思います。特殊学級ができて加配として先生が増え、交流もできると期待していましたが、それは教師の意識に左右され、籍の違いの大きさを日々感じた一年でした。

けれどそんな大人の思惑をよそに、子どもたちは同じ教室で学び、関わり合い、二年生に上がる時、一人の子は通常学級籍になりました。

四、「共に歩む会」があった

私が同和教育と出会うより前の一九九二年から、組合の人権推進委員会では「『障害』児と共に歩む教職員と親の会」（以後「共に歩む会」）を開催していました。入学してからの様子、行事での様子、就学時健診のことなどが話し合われました。就学先の学校の先生との話し合いもありました。年五、六回開いていました。

一月には何人かの就学前の親御さんや子どもと会うことができ、三月の会では親御さんと就学先の学校の教員と話をする場を作っていました。保護者はわが子の様子を話し、学校への希望を言い、教員もどんな配慮がいるのかなど聞いてくれ、職場に戻って、組合の職場会で話してくれたりしていました。

あの頃、障害のある子が地域の学校に入ることは本当に難しかったと思いますが、小学校に入っていった障害のある子どもたちは、クラスの中で同じ年の子どもたちと過ごし、学び、教員はおもしろい実践をたくさん作っていきました。その子たちが中学に入る時には、「中学校は教科担任制だし、部活もあるし、無理だろう」と言われていましたが、ここでもまた多くの実践を作っていき、中学の扉を開いていきました。当時、学校はなんだかんだ言っても受け止めようとしていたように思います。

五、インクルーシブ教育が始まると思っていた

二〇〇六年に学校教育法が改正され、二〇〇七年度から、特別な場で行う「特殊教育」から、一人ひとりの教育的ニーズを把握し、適切な指導および必要な支援を行う「特別支援教育」に転換されました。障害の重い子は原則として特別支援学校に就学し、特別な事情がある場合は認定就学により小・中学校に就学することとされていた従来の制度に対し、「障害の状態、教育的ニーズ、保護者の意見や専門的見地からの意見等を総合的に判断して就学先を決定することが適当である」となりました。親が希望すれば障害の重い子も地域の通常学級に入ることができ、そこで必要な支援が受けられることになるんだと思ったものでした。けれどこの答申には同時に、早期からの適切な教育支援の必要性が説かれ、幼稚園の特別支援教育体制の充実、保育所等における早期支援の充実が盛り込まれていて、そのため就学を考える頃にはもう道は分けられていました。

障害のある子どもの保護者が望めば二人で特殊学級が作られるようになった一九九八年の翌年には、一人でも特殊学級を作ることができるようになり、二五年以上たった今、金沢で特別支援学級のない学校はありません。

早期発見・早期治療と言われ、小さい時から分けられる道を示される中で、保護者の意見を尊重すると言われても、通常学級を選ぶ親は減り、別の場所で子どもの障害に合った教育を望む保護者が増えました。教員はそれを当たり前に思い、多忙化を極める学校としてはクラスの中に手のかかる子はなるべく通常学級にいてほしくない、だから支援学級で子どもに合ったペースで教育を受けることを勧めます。

一昔前の特別支援学級が少なかった頃なら、教員は障害のある子をクラスの一員として受け止め、この子をどうやって周りの子どもたちとつなげていくかを考えました。どこにもその子を追いやる場所がなかったから。けれど今は、ちょっと手に負えなかったら「あなたはここよりあっちのほうがいいですよ」と簡単に思ってしまう。親もまた、「うちの子に合った教育を」と考えます。

入学する時、通常学級にするか支援学級にするか迷い、通常学級を選んだとします。一、二年生で友だちとしっかりと関係を作ることができ、「これから教科も増えていくだろうけど、やっぱりみんなと一緒に育っていってほしい」と思えたら幸せです。けれどそう思えない一年生を過ごし、二年生では支援学級に行くことを少しずつ勧められ、二年生の終わりには籍を移して三年生を迎えるということがよくあります。学校は「あくまでもその子のために」と言いますが、そこに留まらせてその子のための教育をすることが自分の仕事だということに責任を感じていない気がします。障害のある子を通常学級の中で受け止めることは通常学級担任の仕事ではなく、障害のある子がいるべき学級の担任の仕事だと思っているのでしょう。それは通常学級か支援学級か選べるからそう思ってしまうのだと思います。

六、ひまわりの花は咲き続けていた

私は現職の時、金沢市同和教育研究協議会（市同教）の事務局長をしていました。徳田さんたちから保護者のレポートを出していきたいとの申し出もあり、市同教では一九九五年の結成当時から、障害のある子どもの保護者にレポート報告をしていただいてきました。養護学校か地域の学校かを選ぶしかなかった時代の親たちは、障害の重い我が子を何とか地域の学校に入れようと学校や委員会と話し合いを続け、どんなに嫌がられても子どものために戦っていました。当時はそんな話がたくさんありました。通常学級に入る子が何人もいました。研究大会などで教員に伝え、理解してもらおうと、先輩方・仲間たちが掘り起こしてきました。

ところが状況が変わってしまいました。一〇年ほど前に事務局長をしていた数年間、そんなレポートを教員たちに聞いてほしいと思い、探しましたが、支援学級籍の子どもが通常学級の子どもたちと交流している話が多く、そもそも通常学級に障害のある子どもが在籍していないと感じました。通常学級籍の子どもがいなくなった現状を思い、私は頑張る親がいなくなったなあと思っていました。

　けれど、退職してから時々ひまわり教室に顔を出すようになって、それは間違っていたことに気づきました。若い親御さんたちは我が子の障害を受け止めるまでにはつらい日々を送られたことと思いますが、ひまわり教室に支えられ、鍛えられ、学習会や行事に参加しながら、何とか子どもの居場所を見つけようとしていました。特別支援学校を勧められる中、やっと地域の支援学級を選んだ人もたくさんいました。みんな頑張っていました。分かったようなふりをして、親は変わった、みんな安易な道を選んでいると思っていた自分を反省しました。インクルーシブ教育とか共生の時代と言われながら、昔よりもっと難しい時代になった今を親御さんたちが歩いていることが分かり、自分のできることはしたいと思いながら、ひまわり教室に顔を出していました。

　私がYちゃんと出会った頃、ひまわり教室は学校にとって、モノ言う運動体でした。主張は相容れず、受け入れ側は距離を置いていました。それは学校だけでなく、白山市や金沢市などの行政もそうだったと思います。

　一〇年ほど前、金沢市の人権週間の講演会で徳田さんが講師として話されたことがありました。その時、時代がやっと追いついた気がして、とても感慨深いものがありました。ほとんど理解のないところから今日に至るまで、長い年月をかけてなされてきたことが、私も含め、やっと社会に理解されるようになったのだと思います。

ひまわり教室の職員は明るく一生懸命で、障害があると言われる子どもたちは障害があることなど関係なく、個性的で伸び伸びと育っています。見守る親御さんたちも、きっといろいろあるでしょうが、お子さんを大切に思い、笑顔で前向きです。徳田さんたちの蒔《ま》いたひまわりの種は職員や子どもや親御さんに受け継がれ、来年、また来年へと咲いていくことと思います。みなさんがひまわり教室に出会えてよかったと思います。まだ出会えていない親御さんや子どもたちにもぜひ、辿《たど》り着いてほしいです。けれど、障害のある子どもと家族がひまわり教室に辿り着かなければ救われないということのないように、世の中全体がそうならなくてはいけません。そうなった時、ひまわり教室は役目を終えることと思います。私もそんな社会を作っていく一員でありたいと思います。これからも共に頑張りましょう。

ひまわり教室に出会い、実感し学んできたこと

堀　智晴

はじめに

ひまわり教室が生まれて五〇年が経つという。その長い歴史に学んできた者として、一文を書く機会が与えられた。いっぱい書くことがある。

ひまわり教室と私との関わりは、私自身が一人の人間としてどう生きていくのかと問われる過程でもあった、と思う。それは私としては真剣であったと思うのだが、力を抜いての真剣さだった。楽しい道のりだったからだ。

私は、この歩みは一つひとつの偶然の出来事が自分の中で絡まりあって一つになっていった、という気がする。この偶然の積み重ねをからだで実感し、自分の理屈で勝手に変容させつつ、私

は自分の生き方を作ってきたのではないかと思う。

一、ひまわり教室との出会い

ひまわり教室との出会いは、まさに偶然だった。それは、徳田茂さんと出会ったことから始まった。「障害者の教育権を実現する会」の伊豆での一泊合宿で、徳田さんと出会った。そして、もう一人、宮崎隆太郎さんと私の三人が同じ部屋になった。その後、三人は交友を続けることになった。こうしてひまわり教室と出会い、つながりが始まった。

そして、ひまわり教室を見学させてもらうようになった。その時の体験が、ひまわり教室にずっと出入りさせてもらう重要な契機となった。

療育（まだその当時はそう言っていたと思う）の後での、子どもの姿をめぐる職員の間で行われる議論を聞いて、心底驚いたのだった。子どもたちの姿をめぐって議論が深いことに、これは一体どういうことなのか、と感じたのだった。この時の体験がきっかけとなり、ひまわり教室に出入りさせてもらおうと決心した時のことを、今も思い出す。

そしてさらに驚くことがあった。ひまわり教室の職員が当日の実践をそのようにふり返って話し合っているその時に、正規の職員である知行《ともゆき》さんは、せっせと別の部屋で片付けと掃除をしていた。その姿を見た時のこと、これも私にとってはびっくりの体験であった。

みんな偶然だった。生きるということは、このように偶然の体験の重なりなのだ、とふり返って今そう思う。

二、「知行は知行なのだ」

私は、徳田さんの書いたものを読んで、体験に基づく思想のようなものを、次の一文に感じた。

知行には知行のペースがあります。私に私のペースがあるように。知行には知行の感じ方があります。私に私の感じ方があるように。そして、知行のペースとか感じ方とかは、「障害」児だからということでまとめたからといって、わかるようなものでは決してありません。ダウン症児の特徴を述べた本を何十回読んでもわかるものでもありません。「ダウン症児一般」については、確かに知識は増すでしょうが、知行は「ダウン症一般」ではありません。知行は知行なのです。（障害者の教育権を実現する会・著『一美よ、たかく翔べ』現代ジャーナリズム出版会／34ページ／一九八〇年）

このように徳田さんは書いた。私は自分の教育論を語る時、端的に「知行は知行」ということの表現を使っている。目の前のこの子を理解するには、「知行は知行」と理解するように理解を深める必要がある、と考えるからだ。このような子どもの見方は、私が学生の時から会員であった「社会科の初志をつらぬく会」の見方と共通するものだった。そして、今私は、目の前の子どもを「世界に一人しかいない〈この子〉」として理解することが大事だと言うようにしている。

そしてまた、「知行は知行」という子ども観は、同時にこの自分が「堀智晴は堀智晴」として、自分自身を自覚することでもあった。

三、ひまわり教室の自由な実践にふれて

昨年（二〇二三年）の秋、コロナ禍の後、久しぶりにひまわり教室の実践を拝見した。相変わらず、楽しいほんとうに自由な実践だった。自由な実践とはどんな実践か。それは子どもや職員がのびのびとしている、という意味だ。Aくんは五〇センチメートルくらいの高さの机の上で、目の前の職員と一緒に音楽に合わせ、座ったまま手を振り、手をたたき、体をくねくね動かして踊っていた。少しずつ後ろにずっていくので、落っこちないかと心配顔の職員にお構いなしに、そして落ちそうになると、体をうまくくるりと反対のほうに回すのだ。

これまでに私が何回も拝見したひまわり教室の保育は、いつも気持ち良かった。

たとえば初春に、車で子どもたちと山の中に散歩に行く。そこにはえていたあさつきを湯煎して、味噌汁で食事をいただく。林道を歩いていく、ゆっくりとのんびりと。山に行く途中に、野

生のニホンカモシカがいた。

ひまわり教室がまだ古い建屋だった頃、夏には小さなすべり台の下にビニールプールを置き、上から滑り降りる。まず、子どもたちをそっちのけで、大人が上から滑り下り、プールに飛び込む。水しぶきが子どもたちの顔にかかり迷惑そう。しかし、大人が夢中に遊んでいるさまを見て、子どもたちは笑い出す。いつもこんな具合なんだろうか？

冬には、雪合戦でも同じような光景を拝見した。大人が本気で庭を駆け回って雪合戦をする。それを見ていた子どもたちに雪がふりかかる。子どもたちは全身で喜んでいた。

これこそ素晴らしいほったらかしの保育だ、と私は何度もうなったわけだった。

四、親の学習会に参加して

親の学習会にも何回か参加させてもらった。参加している親は、自分の直面している問題をそのまま語り合う。堀さんどう思いますか、と意見を求められる。私は大阪でつきあっている親の話を紹介させてもらう。我が子の小学校への就学をどうするか、どう思うか、いろんな親の考えが語られる。それぞれの悩みをかかえた思いと考えを参加者も共有し、認め合うという空気がいいなと感じた。親の文集『みちのり』をいただき、帰ってからゆっくりと読ませていただいた。

五、ひまわり教室のレポート合宿に参加して

毎年二月か三月の週末に行われるレポート合宿に、ゼミ生と参加させてもらうようになった。職員が自分と子どもや大人との関わりを問い直し、自分の本心を書いて合宿の資料として綴った冊子を作り、参加者がその報告を聞き、意見交換する。金曜日の夕方から土曜日の昼までの一泊の合宿で、その後はレクレーションもありの、真剣かつ楽しい、参加者にとっては自分の感性と生き方が問い直される貴重な集まりだった。ひまわり教室の職員の一人ひとりの人柄にふれる、ありがたい場でもあった。

合宿後は車に分乗して、近くの史跡や観光地を案内してもらう。大阪から参加した親子や学生たちもその土地のものを味わう。温泉にも入る。白山の麓での合宿の時は、まっ白な雪山の中、そりで滑り降りる。みんな何回も叫び声をあげて挑戦した。

能登半島をまわって案内してもらったことも何回かあった。今回の能登地震の被害を見て、楽しい思い出と深刻な被害の報道とが交錯してつらい。被災された方に心からお見舞い申し上げる。

六、ひまわり教室の人権の尊重を希う社会運動にふれて

ひまわり教室の実践は、療育の課題を越えて、障害のある子どもや障害のある人に対する偏見

と差別に直面することになる。このきびしい現実に対して、ひまわり教室の職員たちの認識は、社会の在り方を問い直す方向へと深化したと思う。ひまわり教室の職員の活動は積極的にいろんな差別問題、人権問題へと拡がっていったようだ。

部落問題では、私の住んでいる奈良県に来て一緒に学ぶ機会もあった。全同教など、いろんな反差別の研究集会にも参加し、役割を担っていた。

そして今もなお、具体的なきびしい現実を直視して自分自身を問うことと、社会の在り方については、おかしいよ！これではダメだよ！こう変えていきたい！という粘り強い取り組みとを続けている。

このようなあきらめない地道な活動は知る人ぞ知る、といった重要な、そして貴重な社会運動である。ひまわり教室の人たちからすれば、このような活動は当然なのかも知れないが、すごいことだと敬意を禁じ得ない。

七、ひまわり教室の人たち、そのそれぞれの人の思いとその連帯感にふれて

ひまわりの職員の方々のお名前をつぶやきながら、その人を思い浮かべてみる。一人ひとりのその人らしさが、「このような人間の集まりとしてのひまわり教室」を形成していると感じる。その人の顔を思い浮かべつつ、これまでの関係に感謝するのみ。ひまわり教室の職員はひまわり

教室を担い、さらに新しいひまわり教室を創りあげてきた。こうしてひまわり教室は、この職員たちのそれぞれの人生がない交ぜになって今日にいたる。これからも、ひまわり教室は深化していくのだろう。

ところで、私には気づかない、知らないこともあるだろう。このひまわり教室の五〇年の歩みを物語る総体を勝手に想像すれば、その中に多くの失敗と反省もあったのではないか。私はそう感じ、そう思ってもみる。そこに人間としての謙虚さも生まれるのだから。

八、ひまわり教室とは異なる取り組みにも期待して

以上書いたように、私はかけがえのない経験をすることができた。こうふり返ってみると、大阪にもひまわり教室とは異なるけれども、ひまわり教室とめざすところを同じくする取り組みと実践もある。私は、このような取り組みと実践に関西地域でも少なからず出会ってきたことに気づかされる。そして、これからのきびしい社会状況を思う時、このような取り組みと実践が日本のあちこちに新たに生まれてきてほしいと強く願う。

九、『陽だまり』を読む

春休みに部屋を片づけていたら、徳田さんが書いた『陽だまり』というぶ厚い冊子が出てきた。もう一度ゆっくり読んで見た。これは徳田さんが、手書きで見開き二頁に、一九八六年五月十二日から一九九九年七月三一日に書いたもので、№1から№100まである。この感想を加えて書かせてもらう。

この徳田さんの『陽だまり』を読むと、徳田さんという人は一体どういう人なのかという興味・関心が湧いてくる。そのことと同時に、この通信を読む自分は徳田さんと似ている点があるのかないのか、異なる点はどんな点なのか、という自分への興味・関心が気になってきて、結局、自分をふり返ることになる。これは結構おもしろいと思った。なお『陽だまり』のタイトルをいくつかあげると、次のようになっている。

「願いをかける」「いちばん大事なこと、そしていちばん難しいこと」「ともに生きるということ」「あるがままの姿を大切にして」「障害児の不幸」「子どもからの贈り物」「揺らめきながら生きる」「わからなさにつき合うこと」「変わること変えること」「同じことはよいことか　あるいは同じであればよいのか」「『問題行動』って何?」「自分の言葉をもとう」「自分の体をくぐらせて語る―言葉を殺さないために―」「やわらかな心で」「苦しみをみつめて」「影と向き合う」「機がくれば実は熟す」「ひとはみな不完全で……」「『専門家信仰』から抜け出そう」「権利は自らの手で」「常識的な人間関係の窮屈さ」「支配―被支配の関係から脱け出よう」「一人ひとりが持ち味を出せる関係を」「解放への願い」「できなさを引き受けて」「無垢なるものによる救い」「苦しみは苦しみのままに」「待つことについて」「地域で生きる―その中身を問うてみる」「有用無用を越えて、そこに在る」「『共に生きる』を安易なうたい文句にしてはならない」「『異質』を受け入れる学校を」「『共に生きる』とは同化させることではない」「死刑と脳死と」「まじめさ・熱心さの落とし穴」「『できなさ』へのまなざし」

このタイトルだけを読んでも徳田さんがどんなことを、どのように感じ、考え続けているのか、その一端がみえてくる。それは一端に過ぎないのだが、徳田さんの人間性の一端がこの『陽だまり』からもみえてくるように感じる。徳田さんは自分の感じ方・考え方から気になることを掘り下げている。他の人との関係の在り方を問い直している、これまでの常識を疑うことが大切ではないかと問題提起している、自分という人間を率直に書いている、などなど。読んでいると、ではいったい私はどうなんだ、自分はこのような問題をどう感じ、考えているのかと自分でも考え始めることになる。

No.34（一九八七年七月二三日）に、徳田さんはこう書いている。

私なんかは、もの心ついた頃からお寺などへ連れていかれ、〝地獄極楽の図〟を見せられたりお坊さんの説教を聞かされたりして大きくなりましたが、そういった宗教的なものとのふれ合いなども、人の心の成長にとって無視できないものに思われます。（略）

ところで、人がある行動傾向を身につけていくということは、それと対となっているような傾向を抑え込んだり捨てていったりすることです。たとえば私などは、貧乏な百姓の家の長男として生まれたこともあって、母親に甘えるという経験はほとんどないままに育ちました。親の仕事の手伝いをするのが当たり前で、少しでも不服を言おうものなら即座に叱られたものです。そんな中で育ったからでしょうか。多少の苦しみには耐えられますし、自分にいろいろな課題を与えることを積極的にやりたがるところもあります。自分のことは自分で判断し、自分で決めていくべきである、という思いを強く抱くようにもなりました。

その一方で、苦手なこともできてきました。甘えの強い子や依存心の強い大人の人を受け容れることがなかなかできませんでした。人とやわらかくつき合うこともできませんでした。そういった側面は私のもっとも苦手とするところで、いわば私の影といってもよい面でした。

ひまわり教室へやってくる子どもの中には、とても依存心の強い子がよくいます。甘えが強く、わがままだなと思われる子がいます。私はどうしてもそういった子らにはきつくなってしまいます。〝あんたは王様のつもりでいるんか。いったい大人をなんだと思っているんだ〟などと思ってしまうのです。

こちらがそんな風に思っているのですから、子どもが心を開いてくるわけがない。職員のなかにはそういう子をとても暖かく受け容れていく人もいて、その人と子どもとのやりとりを見ていると、ほんとに素晴らしくて、いいなと思います。と同時に、うらやましかったり、さみしかったりもします。

自分の問題なのだから、と言いきかせ、なんとか自分を変えようとしますが、そう簡単に変われるものではありません。いろんな本を読み、まわりの人に話を聞いてもらい、自分でもあれこれ考えながら日を送ります。そうこうしているうちに、ある日はっとするほどいい関係がもてたりするのです。そんなとき、心底救われたような思いになります。

影とのつき合いはこれからも続きそうです。

徳田さんがこのように書くのを読むと、私は自分の生き方（徳田さんは〈行動傾向〉と書いている）はどのような経験を重ねてきて、今の自分へと変容してきたのだろうか、と我が身をふり返ってみることになる。

徳田さんは、自分と外の世界（自然や他者や社会）との関係のなかで、自己を問い直しながら生きてきたと書いているのだ。このようなことはどの人もその人なりにそうしていると、私は思うのだけれど、徳田さんは自分自身をふり返る、つまり自省する傾向の強いタイプの人なんだと感じる。その徳田式自省のプロセスがこの『陽だまり』を読むと伝わってくる。

ひまわり教室のレポート合宿にはじめて学生さんと参加させてもらった時、徳田さんのおさな友達にお願いして、合宿の前にみんなで食べるために蟹を安くわけてもらったことがある。その人は、徳田さんのことを「茂は小さいときからやさしかった」と言った。

徳田さんは、この『陽だまり』の最後のNo.100に「私は私らしく―あとがきにかえて―」を書いている。

生きるとは表現することである。表現するとは、自分を他人に伝えることである。
生きるとは、人と出会うことであり、人とつながり合っていくことである。
生きるとは喜ぶことであり楽しむことであり、悲しむことであり、苦しむことである。
生きるとは、いろいろな自分に出会うことである。

生きることについての私のイメージのなかには、いつも他人がいます。何故かはわかりませんが、私には他人との関係がとても大きな意味を持っているように感じられます。良きにつけ悪しきにつけ、まわりの人々との関係があることで、私は自分の日常を味わうことができています。他人との関わりは、決して一様ではありません。同じ人とのつき合いにおいてすら、時により所によって色合いが異なります。そうした多様さが、私は好きです。

私にとってもうひとつの大きな関心事は、私自身です。これもどうしてそうなのか定かにはわかりませんが、私は自分のことをあれこれと見つめてみるのが好きです。別にそこから何かたいそうなことを引き出そうなどと思っているわけではありません。とにかく気になり、自分のことに思いめぐらしてみたり、今の自分なりの表現を試みていると、なんとなく落ち着きます。

信仰心のない私は、死後の世界があることを信じられません。地獄も極楽も、あるとすれば今生きているこの世界にあるのであり、とりわけ私自身の心のなかにあるのだと思っています。よく生きようと思ってもよく生きられない自分があり、そんな私と関わってくれる他人がいる。そうしたことの一つひとつが、今の私にとって地獄であり極楽です。信仰心のある人から見れば愚にもつかぬたわ言でしょうが、それが今の私です。私は死んだら灰になります。灰は日本海にでもばらまいて自然に還してもらえたらいいと思っています。

死後の世界を信じることのできない私には、この世がすべてです。あの世で実現すべきことを希求することのできない私は、実現すべきことはこの世で実現させたいと願わずにはおれません。差別や抑圧からの解放をあの世へ持ち込むことのできない私は、今自分が生きているこの時この場でそれが実現されていくことを願います。

いくら信仰心のない私でも、この世界の問題が人間の力ですべて解決できるとは思っていません。人間をこの地球の主人公や王に見たてる気もありません。むしろ、まわりの生き物にとっては人間ほど迷惑な存在はないのではないか、とさえ思っています。ですから、人類を滅亡から救おうなどという発想も私にはありません。とは言え、私は投げ槍な生き方をしようとは思いません。と言うより、私はどうもそうしたことができない人間のようです。私はどうころんでみたところで私でしかないので、私は私なりに生きていこうと思います。

私自身を見つめ表現する一つの形として、私はこの『陽だまり』を書いてきました。拙い文章につき合っていただき、ありがとうございました。

私はこの一文を読むと、ひまわり教室の歩みに大きな影響を与えてきた徳田さんという人の生き方の一端が少しだけどみえてくる気がする。そして、この影響を受けつつ、ひまわり教室や他の事業所は今も発展し変容してきている。また、これからも変容していくのだろう。では、どのようにか。私はそれを期待し、楽しみにしたい。

十、あきらめたくない

知行さんは五年余り前に解離性障害をわずらい、非てんかん性の発作が頻発していたが、ようやく最近になって調子が回復してきたようだ。まだ調子がよくない時に私はお宅を訪ねた。お見舞いをして失礼する時、知行さんが玄関まで送ってきて、右手で私にハイタッチをしてくれた。うれしかった。このハイタッチは私の右手をグッとひと押しする力強いものだった。圧力を感じた。

今日本の保育・教育・福祉の現状は、インクルーシブの方向に逆行する流れの中にある。しかしそれでも、私はこの〈知さんのハイタッチ〉によってあきらめずに取り組んでいこうと励まされた。ともさん（知行さん）からともさん（私）へのハイタッチはそんなことを私に感じさせてくれた。あきらめないぞ、と今思う。

これからもひまわり教室の活動に期待し、学びながら、私はともさんとして生きていきたい。

おわりに

最後まで読んでいただき、どうもありがとうございます。あなたの心に届く言葉に出会えたでしょうか。この「おわりに」から読み始めた方は、ぜひ本文に目を通してみて下さい。あなたの心が動く言葉に出会えることをお祈りします。

ひまわり教室では、どういう状態の子どもが訪れようと、その子をあるがままに受け止めて、そこを起点として共に生きてきました。その時の私たちの基本的な在り方は、この本での私の言い方で表せば「子どもを大事にする」ことでした。目の前の子どもをかけがえのない個人として尊重し、その子をいとおしみ、慈しみながら育てる。私自身がそうした在り方にたどり着くまでにさまざまな曲折を経たこと、その中で多くの気づきや学びがあったことは記した通りですが、他の職員についても似たようなことがあったことだろうと思います。

ひまわり教室という小さな場で障害のある子どもたちやその家族の人たちと共に生きる中で、私たちは、子どもを大事にすることの大切さを身をもって学びました。私は、この在り方は子どもの育ちに関わる全ての現場において基本にすべきことだ、と考えています。

私たちはまた、いくつもの失敗を重ねながらも、障害のある子と障害のない子が共に育ち合う保育や教育の大切さを学んできました。その学びを基に、学校の先生たちと力を合わせながら、どの子も地域の子どもとして受け止められて共に育つ教育（共生教育）の実現に向けて取り組んできました。

私たちの周りで共生教育の流れがほんの少し見られたことがありましたが、残念ながら、今は分離教育がどんどん広がっています。さまざまな理由があげられますが、一つの理由として、学校が育つ者にとっても育てる者にとっても極めて苦しい所になっていることがあげられます。現場の先生たちが自由な雰囲気の中で、安心して、楽しみながら教育に取り組むことができなくなっています。学校現場がすっかり管理的になり、水平な関係は影を潜め、上意下達が基本となりました。でも、子育ての現場に上下関係は要りません。むしろ大きな弊害となります。

子どもを大事にする在り方を共有するためには、子育てに関わる人たちがたがいに大事にし合い、信頼し合うことが極めて重要です。そこではそれぞれが自分を見つめ、他者を尊重し、違いを違いとして受け容れることが大切な仕事となります。相手を変えようとしたり、違いを理由に排除したりするのとは正反対の在り方です。インクルーシブ教育・共生教育の実現を目指す上でも、この在り方はとても重要であると思います。

この本を通して、子どもを大事にし共に生きることの大切さや、それを実現するための大人の在り方について、ほんの少しでも思いをめぐらせていただけたら幸いなのですが、いかがでしたでしょうか。

この本は、大学時代からの親友である、編集会社エデットの社長・小林哲夫さんのおかげで誕生しました。彼がいなかったら、この本が作られることはありませんでした。学生時代を含め、長年にわたり小林さんには世話になりっ放しです。このような友に恵まれたことは、私にとって大きな仕合せです。

出版を引き受けて下さったのはつげ書房新社の上浦英俊さんです。柘植書房の時代に『いっしょに生きるってすてきだな』(一九九四年)を出版して以来、今回で四冊目となります。上浦さんとも長いお付き合いをしていただいています。どうもありがとうございます。

表紙の絵はかるべめぐみさんの作品で、タイトルは「みんなのパレード」。ひまわり教室の玄関に飾ってあるものですが、とても素敵な絵なので、今回使わせていただきました。さし絵は、今度の地震で被災した輪島市に住む版画家・江崎満さんの作品を使わせていただきました。江崎さんとは、今は亡き海君(江崎さんの三男)を通じて知り合い、長年お付き合いさせていただいています。かるべさん、江崎さん、ありがとうございます。

ここに書き記せないほどの多くの方々に支えられて、ひまわり教室は五〇年の年月を歩んできました。私は、ひまわり教室の取り組みを通じて、人と人のつながりがどれほど大事なものかを、身体の奥深くまで浸み込むほどに実感してきました。

お世話になった方々の中には、亡くなった人が何人もいます。ひまわり教室に通っている中で病気で亡くなった子も何人もいます。この本は、亡くなった人たちも含め、多くのみなさんのおかげで作られました。深く感謝致します。

二〇二四年十一月十二日　　徳田　茂

【執筆者紹介】

徳田　茂　とくだ　しげる

一九四七年に現在の金沢市で生まれる。一九七四年に、仲間の人たちと共に「障害児通園施設ひまわり教室」を開設（二〇一一年三月まで代表）。「白山・野々市つながりの会」代表。「障害児を普通学校へ・全国連絡会」運営委員。著書に『知行とともに』（川島書店）『子育ては自分育て』（青樹社）『共に生き、共に育つ』（ミネルヴァ書房）など。

満仁﨑　信世　まにざき　のぶよ

一九六〇年、石川県生まれ。教室に来る前は、電話交換をしたり、白山の室堂でバイトしたりしていた。一九八二年秋から、松任（今は白山市）の教室でボランティアを始め、半年後職員になる。一九八四年から金沢の教室で勤める。二〇一一年四月から代表。勤め始めてから四一年間、すったもんだの毎日を送っている。

三嶋　亜妃　みしま　あき

大学生の時に、ひまわり教室でボランティアをしたご縁で就職しました。ひまわり教室の子どもたちとのたくさんの豊かな出会いが、自分の心を育ててくれました。そこで学んだことが、自分の人生と我が子の子育てにも色濃く反映しています。

米山　豊　よねやま　ゆたか

一九五〇年、金沢市生まれ。社会福祉法人「ひびき」、非営利活動法人「白山の自然を考える会」理事。昨年まで環境省自然公園指導員として国立公園を歩き回っていた。今はひびきの障害者支援事業所「つながりの家」裏の二〇〇〇坪の畑で野菜作りに奮闘中。

林田　孝一　はやしだ　こういち
一九五二年に京都の伏見に生まれる。金沢大学時代にクラブ活動で障害を持つ人たちやその家族と関わるようになる。一九七九年四月より「ひまわり教室」で働きだす。二〇〇三年、「松任ひまわり教室」閉鎖に伴い、「つながりの家」で働く。

北野　美恵子　きたの　みえこ
能登で生まれ育ち、結婚を機に金沢にやって来ました。第二子として生まれた智生は障害を持っていました。ひまわり教室、徳田先生と出会い、『智生君はそのままでいいんですよ』という言葉に驚きましたが、その言葉が前向きな人生へと後押ししてくれました。

藤本（旧姓・酒井）美耶子　ふじもと（さかい）みやこ
白山市出身。愛絆を二〇歳の時に出産。出産後は周りの方々に支えられながらシングルで愛絆を育て、地域の学校に通わせる。現在は再婚し、妹弟ができ、五人家族になり、悩みは尽きないながらも楽しく奮闘の日々を送っている。

中塚　沙知子　なかつか　さちこ
一九七九年生まれ。一児の母。ひまわり教室に出会い、「生き直し」の過程で娘の障害を受容していく。共に学び育つインクルーシブ教育を通して、誰もが安心して生きられる共生社会の実現を願っている。

岡野　有由美《おかの　あゆみ》

長野県松本市の山あいで生まれ育ちました。大学卒業後は高校の女子寮で勤務。結婚を機に金沢に住み、二五年が経ちました。現在は夫の家業を手伝いながら、子育てをしていいます。

堀　正嗣《ほり　まさつぐ》

一九五七年、滋賀県の生まれ。熊本学園大学社会福祉学部教授。研究テーマは、障害学、子どもアドボカシー。子どもアドボカシー学会会長、NPO法人「子どもアドボカシーセンターOSAKA」理事などを務める。著書に『障害児教育のパラダイム転換—統合教育への理論研究』（柘植書房）『障害学は共生社会をつくれるか』『子どもアドボカシーの基本原理』（編著）（以上、明石書店）など。

柚木　光《ゆうき　ひかる》

一九五三年、北海道北見市生まれ。札幌に通算一二年間在住。一九七一年金沢美大入学、一九七五年京都西陣の帯製造会社勤務、一九七八年神戸市教員、一九八〇年金沢市教員、以後二三年間勤務。二〇〇三年退職。石川県教職員組合専従執行委員一六年間。二〇一三年県教組退職。

吉田　詩弓《よしだ　うたみ》

愛知県出身。金沢市の小学校で三八年間勤務し、障害のある子もない子も共に生きる教育の大切さに気づき、人権教育と関わってきた。退職後は「人権フォーラム石川」に勤務し、部落問題を始めとする差別解消に向けて取り組んでいる。

堀　智晴　ほり　ともはる

一九四七年、三重県の生まれ。大阪市立大学教授などを経て、現在は「インクルーシブ（共生）教育研究所」代表。研究テーマは、インクルーシブ保育・教育の実践研究と障がい者問題・人権問題。著書に『障害のある子どもの保育・教育』（明石書店）『子ども同志の響き合い讃歌―ちがうから、豊かになれる』（川島書房）など。

徳田　茂（とくだ・しげる）

1947 年　現在の石川県金沢市に生まれる。
1970 年　金沢大学法文学部文学科（心理学専攻）卒業。
石川県と滋賀県の障害児・者の入所施設勤務。
1974 年　障害児通園施設「ひまわり教室」を金沢市内に開設。2011 年 3 月まで代表。
1978 年　他の障害児の親たちと，「松任・石川障害児の暮らしと教育を考える会（現在の「白山・野々市つながりの会」）を結成。
2001 年「障害児を普通学校へ・全国連絡会」代表に（2014 年まで）。
現　在「白山・野々市つながりの会」代表。
「障害児を普通学校へ・全国連絡会」運営委員。
主　著『知行とともに──ダウン症児の父親の記』川島書店，1994 年。
『子育ては自分育て』青樹社，1996 年。
『特別支援教育を超えて──「個別支援」ではなく生き合う教育を』（編著），現代書館，2007 年。
『共に生き、共に育つ』ミネルヴァ書房，2019 年。

みんないっしょに生きようよ　──ひまわり教室の歩み五〇年──

2025 年 2 月 20 日　第 1 版発行　定価 2000 円＋税

編　　著　徳田　茂
編集・制作　株式会社エディット
発 行 所　柘植《つげ》書房新社　東京都文京区白山 1-2-10
TEL03-3818-9270　FAX03-3818-9274
郵便振替 00160-4-113372
https://tsugeshobo.com/index.php/
装　　画　かるべ　めぐみ
印 刷 所　中央精版印刷株式会社

ISBN978-4-8068-0778-0

いっしょに生きるってすてきだな

石川・ひまわり教室の 20 年

徳田茂編著

ISBN4-8068-0343-X C0037
定価 2000 円 + 税

1974 年前後の石川県の状況は、「障害」児・者とその家族にとっては厳寒の冬のようなものでした。いつ雪解けの春が来るのかまるで予測もつかず、「障害」児・者とその家族は重苦しい空気のなかで、息をひそめるようにして生きていました。いまでは考えられないことですが、片言を喋っている子が、保育所はおろか「障害」児の通園施設へ入ることすらできませんでした。(1994 年 6 月発売)